心一堂彭措佛緣叢書・索達吉堪布仁波切譯著文集

佛說觀無量壽佛經講記
附　大勢至菩薩念佛圓通章講記

堪布索達吉仁波切　講解

Śūnyatā

書名：佛說觀無量壽佛經講記　附　大勢至菩薩念佛圓通章講記
系列：心一堂彭措佛緣叢書‧索達吉堪布仁波切譯著文集
講解：索達吉堪布仁波切
責任編輯：陳劍聰

出版：心一堂有限公司
地址/門市：香港九龍尖沙咀東麼地道六十三號好時中心LG六十一室
電話號碼：+852-6715-0840　+852-3466-1112
網址：www.sunyata.cc　publish.sunyata.cc
電郵：sunyatabook@gmail.com
心一堂 彭措佛緣叢書論壇：　http://bbs.sunyata.cc
心一堂 彭措佛緣閣：　　　　http://buddhism.sunyata.cc
網上書店：　　　　　　　　http://book.sunyata.cc

香港及海外發行：香港聯合書刊物流有限公司
地址：香港新界大埔汀麗路三十六號中華商務印刷大廈三樓
電話號碼：+852-2150-2100
傳真號碼：+852-2407-3062
電郵：info@suplogistics.com.hk

台灣發行：秀威資訊科技股份有限公司
地址：台灣台北市內湖區瑞光路七十六巷六十五號一樓
電話號碼：+886-2-2796-3638
傳真號碼：+886-2-2796-1377
網絡書店：www.bodbooks.com.tw
台灣讀者服務中心：國家書店
地址：台灣台北市中山區松江路二〇九號一樓
電話號碼：+886-2-2518-0207
傳真號碼：+886-2-2518-0778
網絡網址：http://www.govbooks.com.tw/

中國大陸發行‧零售：心一堂‧彭措佛緣閣
深圳地址：中國深圳羅湖立新路六號東門博雅負一層零零八號
電話號碼：+86-755-8222-4934
北京流通處：中國北京東城區雍和宮大街四十號
心一店淘寶網：http://sunyatacc.taobao.com/

版次：二零一五年九月初版，平裝

定價：　港幣　　　八十八元正
　　　　新台幣　　三百四十八元正

國際書號 ISBN 978-988-8316-43-4

目錄

《佛說觀無量壽佛經釋》

第一課　　　　　　　　　　　　　　　　　1

第二課　　　　　　　　　　　　　　　　　18

第三課　　　　　　　　　　　　　　　　　35

第四課　　　　　　　　　　　　　　　　　50

第五課　　　　　　　　　　　　　　　　　67

第六課　　　　　　　　　　　　　　　　　86

第七課　　　　　　　　　　　　　　　　　104

《大勢至菩薩念佛圓通章釋》　　　　　　127

思考題　　　　　　　　　　　　　　　　　143

佛說觀無量壽佛經講記　附　大勢至菩薩念佛圓通章講記

目
録

第一課

漢傳佛教特別重視淨土三經，一說到淨土三經，大家都知道是《阿彌陀經》、《無量壽經》、《觀無量壽佛經》。不過，對於其中講了什麼內容，很多人以前都沒有什麼概念。去年我講了《阿彌陀經》，前兩天剛講完《無量壽經》，從今天開始講《觀無量壽佛經》，等學完這部《觀無量壽佛經》，大家就會對淨土三經有個完整的了解。

經題：《佛說觀無量壽佛經》

因為這部經中宣說了往生極樂世界的十六種觀法，所以又簡稱為《觀經》或者《十六觀經》。

這部經典的梵文本現已不存，也沒有藏文譯本，目前流傳於世的只有漢文譯本，據說在新疆曾發現過維吾爾文譯本的殘卷。由於《觀經》沒有藏文譯本，所以，對我來講這部經典是沒有傳承的。按照藏傳佛教的傳統，不管傳講什麼經典，自己首先要在上師面前接受傳承，之後方可為他人傳授。但這次情況有所不同，一方面我自己很想學習這部經典，一方面很多道友也有必要學習這部經典，所以，我還是打算帶領大家學習一遍。當然，沒有傳承與有傳承的講經方式有一定差別，既然我沒有《觀經》的傳承，所以這次不算正式講經，只算

1

是跟大家共同學習。你們以後如果要講這部經，事先也要聲明這一點。現在許多地方有這種現象——本來誰都沒有某個經論的傳承，但大家還是聚在一起讀一讀、講一講，我覺得這樣學習是可以的。所以這次也是這樣，首先我給你們讀一遍，然後給你們簡單解釋一下，以這種方式和大家共同學習。當然，在這麼多人當中，可能要數我的朗讀最不好，但現在卻要讓我給大家讀。如果在其他團體中，一般是讀得最好的人站起來讀。為什麼我讀得不好呢？其實也不能怪我。今天，我讀師範時的一個班主任來我家，我也跟他聊起這件事，我說自己的漢語很差，因為讀小學時沒遇到過一個講普通話的老師，讀中學時雖然有講普通話的老師，但那時「四人幫」剛下臺，學校沒有正規的學習氛圍，學生們每天要麼破壞紀律，要麼跟著社會搞運動——在牆壁上寫「打倒四人幫」之類的口號，讀師範時雖然有些老師普通話可以，自己也很想學說普通話，但是一個禮拜只有一堂漢語課，再加上我已經二十歲了，再開始按拼音學習拼讀也很困難。所以，如果我讀得不好，你們也不要怪我，要怪就怪歷史吧。

譯者：宋西域三藏畺良耶舍

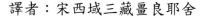

這裡的宋是南北朝時代的劉宋，不是唐宋元明清的宋。宋（公元420～479年）是南朝的第一個政權，由於

這個王朝的皇族姓劉，所以又稱為劉宋。畺良耶舍（公元383～442年）是西域人，宋文帝元嘉年間，他不遠萬里來到建康①，在建康翻譯出了《觀無量壽佛經》和《觀藥王藥上二菩薩經》。他的傳記詳見《高僧傳》。

雖然畺良耶舍翻譯的經典不多，但是從宋朝到現在這麼多年了，我們讀起他的譯作依然感覺很有加持，從這一點看他確實很了不起。其實翻開漢地的《大藏經》就可以發現，大多數經論都是印度、西域等國外譯師翻譯的，而漢地譯師翻譯的經論並不多，除了玄奘、義淨等人以外，見不到很多漢地譯師的譯作。

現在個別人說淨土三經是偽經，以前也有此類沒有智慧之人，但這些人只是造口業而已，他們根本不懂佛教的歷史，也不知道淨土諸經的來源和譯者的功德。過去藏地也有這樣的人，當看到一些甚深的經典時，因為他們不懂其中的意義，就說這是偽經。在《法界寶藏論》中，無垢光尊者曾呵斥對如來藏教義持邪見者：「對這種愚癡的人，我不願意花費時間跟他們辯論。」所以，現在個別誹謗淨土三經（包括誹謗密宗續部）的人也是愚不可及之輩，有智慧的人也不願意和他們辯論，即使跟他們辯論，這些愚者除了重複自己的邪見以外，也講不出什麼道理。在座的人對大乘佛法要有穩固的正見，這一點非常重要。現在很多佛教徒都是隨波逐流，

①建康：南北朝時期劉宋的首都，今江蘇南京。

佛說觀無量壽佛經講記 附 大勢至菩薩念佛圓通章講記

自己沒有辨別的智慧，聽到別人說什麼也跟著說，這種佛教徒特別可憐。我們千萬不能變成這樣的人，一定要懂得佛教的歷史和佛法的道理。

下面看經典正文。

如是我聞，一時佛在王舍城耆闍崛山中，與大比丘眾千二百五十人俱，菩薩三萬二千，文殊師利法王子而為上首。

我是這樣聽佛說的，某一個時候佛在王舍城的耆闍崛山（即靈鷲山），與大比丘眾一千二百五十人俱會一處，又有大乘菩薩三萬二千人，以文殊師利法王子而為上首。

在佛經開頭都有「如是我聞」，這是後來的結集者加的，這句話非常有必要，它可以表明經典的真實性並且啟發讀者的信心。《大智度論》中說：「問曰：諸佛經何以故初稱『如是』語？答曰：佛法大海，信為能入，智為能度，『如是』義者即是信，若人心中有信清淨，是人能入佛法，若無信，是人不能入佛法。」

「一時」是宣說經典的時間。為什麼此處沒有說具體的時間，比如佛陀成道後某年某月某日，而是以「一時」來籠統言之呢？這裡面有非常甚深的意義。因為相應每個根機的眾生，世尊宣說這部經的時間也不同，不可指定是哪一個時間，所以便以「一時」來概說。

佛說任何經典都有緣起。《觀無量壽佛經》也不例外，剛開始敘述了一件發生在王舍城的故事，由此引發了釋迦牟尼佛為韋提希夫人宣說如何觀想阿彌陀佛以及極樂世界的器情莊嚴。下面我們看這個故事。

爾時王舍大城有一太子名阿闍世，隨順調達惡友之教，收執父王頻婆娑羅②幽閉置於七重室內，制諸群臣一不得往。

當時王舍大城有一個太子名叫阿闍世，他聽從惡友提婆達多的教唆，將父王頻婆娑羅逮捕並幽閉在七重室內，並且約束諸位大臣，下令任何人不得去探望。

「阿闍世」是梵語，意為「未生怨」，為什麼這個太子名叫未生怨呢？因為他還沒有降生時，相師就授記他將來會害自己的父親，所以父母給他取名未生怨。

佛經中記載：頻婆娑羅王直到晚年還沒有兒子，他特別著急，到處求神賜子，但一直未能如願。後來有個相師對國王說：某處山中有個仙人，這個仙人三年後會去世，之後他會成為你的兒子。國王求子心切，等不到三年就派人把仙人殺了。仙人臨終時發惡願：現在我命還未盡，國王就派人殺我，如果我死後給國王當兒子，將來也要殺死國王。仙人死後，神識入於王后胎中。國王得知夫人懷孕後非常高興，請相師觀察孩子的未來，

②意譯為影堅王。

相師觀察之後提醒國王，這個孩子生下來後對國王的生命不利。國王聽後轉喜為憂，等孩子生下來後，便將他從高樓上扔了下去。但因為前世的福報，王子只摔折了一根手指，此外沒有任何損傷。③國王無奈，便將其撫養大。阿闍世和頻婆娑羅王的惡緣是這樣的。

提婆達多為什麼要挑唆阿闍世害頻婆娑羅王呢？因為他想借助阿闍世的力量與佛陀競爭。當年佛陀以王子身分出家成道後，在印度掀起了一股王子出家的熱潮，好多王子都競相出家。受這股熱潮的影響，身為王子的提婆達多也出家了。提婆達多出家後，因為發心不清淨，所以始終沒有獲得聖果。後來提婆達多欲學神通而獲得利養，便到佛陀面前求神通法，但佛陀只給他講了四念處，沒有講如何修神通。提婆達多又向舍利子、目犍連等阿羅漢求神通法，舍利子、目犍連等人也只傳授了四念處，沒有教他修神通。最後他找到阿難，懇求阿難教自己神通。因為提婆達多是阿難的哥哥，再加上阿難心比較軟，就給他傳授了修神通的竅訣。提婆達多在寂靜處精進修持，不久就獲得了初禪，以初禪而現前神通。有了神通後，提婆達多的野心更大了，他居然想跟佛陀競爭。

為了和佛陀競爭，提婆達多做過許多可笑的事。一次未生怨王對他說：「佛陀身上有金色的光芒，你能和

第一課

③以此因緣，阿闍世王子又叫折指。

佛陀比嗎?」為了讓身體具足金色，提婆達多就讓金匠在自己身上敷熱油，然後在身上貼金箔，結果他被燙得慘叫不止。又有一次未生怨王對他說：「佛陀腳下有法輪相，你能和佛陀比嗎?」為了具足法輪相，提婆達多就讓鐵匠用燒紅的鐵輪烙自己的腳，結果又被燙得哀嚎不止。

為了和佛陀競爭，提婆達多需要一個可靠的施主，於是他勸說阿闍世：「您的父王一直不死，太子您為何不除掉父王，自己當新王呢?我也除掉如來，自己當新佛。這樣由新王新佛治化世間，難道不是很好嗎?」受提婆達多的引誘，阿闍世發動政變，把頻婆娑羅王關在七重監獄內，並且不讓任何人探望。

朋友對人的影響確實很大。從歷史上看，依靠善友的引導，有很多人走向光明；依靠惡友的誘惑，也有很多人墮入惡趣。《大寶積經》中說：「遠離善知識，常親近惡友，隨彼教誨轉，數墮諸惡處。」因此，大家要注意交往的人，千萬不要隨惡友而轉，否則自己的前途一定是黑暗的。

佛說觀無量壽佛經講記　附　大勢至菩薩念佛圓通章講記

　　國大夫人名韋提希，恭敬大王，澡浴清淨，以酥蜜和麨用塗其身，諸瓔珞中盛葡萄漿，密以上王。

　　國王的大夫人名叫韋提希，她因為恭敬國王，就將身體沐浴乾淨，用酥油蜂蜜和④炒麵然後敷在身上，又在

___

④和：huo，在粉狀物中加液體攪拌或揉弄使有黏性。

7

瓔珞飾品中盛滿葡萄汁，然後秘密探望國王並將這些飲食奉上國王。

　　一般去監獄探望犯人是可以的，但給犯人送東西是不行的，甚至監獄長都不准帶東西給犯人。前一段時間，我去某監獄給犯人宣講佛法，當時所有進入獄區的人都要接受檢查，就像登飛機前要經過安檢一樣，身體裡裡外外都要查個遍，包括手機在內的大小物品都不讓帶進去。

　　不過，雖然阿闍世不許人探望頻婆娑羅王，但韋提希夫人身分比較特殊，所以她每天都能見國王，而且為了讓國王不餓死，她想了很好的辦法——在身上塗上炒麵、在瓔珞中灌滿葡萄漿，到監獄裡以後讓國王食用。

　　爾時大王食麨飲漿求水漱口，漱口畢已合掌恭敬向耆闍崛山遙禮世尊，而作是言：大目乾連是吾親友，願興慈悲授我八戒。時目乾連如鷹隼飛疾至王所，日日如是授王八戒。世尊亦遣尊者富樓那為王說法。如是時間經三七日。王食麨蜜得聞法故顏色和悅。

　　大王吃了炒麵喝了葡萄漿並且用淨水漱口，漱口後合掌恭敬向耆闍崛山遙禮世尊，這樣說道：大目犍連是我的好朋友，希望您以大慈大悲心給我授八關齋戒。當時目犍連像鷹隼一樣迅速飛到國王所在之處，每天都這

第一課

樣來為國王授八關齋戒。世尊也派遣富樓那尊者為國王說法。這樣經過了二十一天，由於食用炒麵蜂蜜並且得聞正法，國王一直顏色和悅。

臨終時求法得戒特別重要，頻婆娑羅王知道自己命不長了，所以祈求目犍連尊者為自己授戒。他的做法非常值得後人借鑒。如果有些在家人一輩子出家守戒比較困難，可以在生命最後階段出家受戒，這也有很大的功德。

為什麼世尊派富樓那尊者給頻婆娑羅王說法呢？因為世尊與頻婆娑羅王關係非常好。佛經中記載，悉達多太子離開皇宮出家後並沒有立即獲得解脫，他曾經在一段時間依止外道修習世間禪定。一次，悉達多太子到摩揭陀國化緣，剛好頻婆娑羅王從窗戶中向外眺望，見到悉達多太子相貌莊嚴、威儀清淨。頻婆娑羅王覺得非常稀有，便出宮拜訪悉達多太子。悉達多太子對頻婆娑羅王訴說了自己的身世，並說自己為了尋求解脫而離開皇宮出家的經過。頻婆娑羅王聽後非常感慨，他表示願意分一半國家給悉達多太子⑤。但悉達多太子說，自己唯一的希求就是解脫，對世間的王位沒有興趣。聽悉達多太子這樣說後，頻婆娑羅王生起了極大的信心，他懇請悉達多太子得道後首先到王舍城接受供養並宣說佛法。悉達多太子默許了。因為有這個承諾，世尊在金剛座大徹

---

⑤有些經中說，頻婆娑羅王願意將整個國家讓給悉達多太子，自己反過來輔佐悉達多太子。

大悟後，遊化人間的第一站就是王舍城，頻婆娑羅王也成為世尊的大施主，在有生之年一直虔誠供養世尊。從歷史上看，摩揭陀國與佛教有甚深的因緣，不僅世尊在那裡待的時間最長，而且那裡還湧現了阿育王等很多大力護持佛教的國王。

在二十一天當中，一方面韋提希夫人天天給國王提供飲食，一方面富樓那尊者、目犍連尊者天天給國王說法、授戒，因為有了物質糧食和精神糧食，所以國王氣色非常好。由此我想到，人活在世上，首先需要滋養身體的飲食，沒有這些基本的生存條件是不行的，但僅有物質糧食還不夠，還需要精神糧食。正是為了滿足眾生對精神糧食的需求，佛陀才來到世間為眾生轉法輪，如《華嚴經》云：「饒益眾生故，如來出世間，具足大悲心，為世轉法輪。」目犍連尊者和富樓那尊者也是如此，他們以神通飛到獄中時，沒有給國王帶食物，而是以佛法安慰國王。

死亡的到來是很突然的，誰都不能肯定自己還能活多久，所以每個人提前對死亡就要有所準備，不要總認為自己現在肯定不會死。當遇到生命危險時，我們一方面要爭取生存的希望，同時也要做好應對死亡的準備。臨終的時候，如果自己能念誦觀修當然是最好的，如果自己沒有這個能力，就要尋求他人的幫助。此外，當看見其他眾生離開世間時，我們也要盡己所能、無有條件

地以佛法幫助他們。

　　世間眾生非常短視，他們談論的話題都圍繞著今生。甚至有些佛教徒也是如此，大多數時間談論的都是健康、飲食等話題。有時候看到這種現象，我心裡有一種說不出的感覺。其實，這些事情談也可以，不談也可以，因為它們最多管用幾十年，真正值得我們關心的就是漫長的來世。所以每個人都應該考慮：我這輩子有沒有行持善法？我臨終時有沒有不墮惡趣的把握？我有沒有往生極樂世界的把握？這些問題才是最重要的。

　　時阿闍世問守門人：父王今者猶存在耶。時守門者白言：大王，國大夫人身塗麨蜜瓔珞盛漿持用上王，沙門目連及富樓那從空而來為王說法，不可禁制。

　　阿闍世問守門人：父王現在還活著嗎？守門人稟告說：大王，國王的大夫人天天身塗蜜麵，在瓔珞中盛滿葡萄漿，以之供奉國王，沙門目犍連和富樓那每天從空中飛來為國王說法，我無法制止他們。

　　時阿闍世聞此語已，怒其母曰：我母是賊與賊為伴，沙門惡人幻惑咒術，令此惡王多日不死。即執利劍欲害其母。

　　阿闍世聽到這些話，憤怒地咒母親說：我的母親是

賊，她跟老賊為伴，沙門也是惡人，他們以咒術迷惑人，令這個惡王多日不死。於是手持利劍準備殺害母親。

其實，如果說母親是賊，父親也是賊，那自己應該是小賊了。這一點大家應該都知道。不過人就是這樣，氣昏頭時就會說出這樣的蠢話。

時有一臣名曰月光，聰明多智，及與耆婆，為王作禮，白言：大王，臣聞毗陀論經說，劫初已來有諸惡王貪國位故殺害其父一萬八千，未曾聞有無道害母，王今為此殺逆之事，污剎利種，臣不忍聞，是栴陀羅，我等不宜復住於此。時二大臣說此語竟，以手按劍卻行而退。

這時有一個聰明多智的大臣名叫月光，他和耆婆⑥向阿闍世王頂禮，之後說：大王，我們聽毗陀論經⑦中說，劫初以來由於貪執王位而殺害父親的惡王有一萬八千，但從未聽說過暴虐無道殺害母親的，如今大王要做殺害母親的違逆天理之事，這染污了剎帝利種姓，不要說親眼看到這種事情，我們連聽都不忍心聽，這是栴陀羅⑧的所為，我們不適合再住在這裡了。說完，二人以手按劍

第一課

---

⑥耆婆：佛陀時代的名醫。
⑦毗陀論經：古印度的婆羅門經論。
⑧栴陀羅：印度種姓制度中居於首陀羅階級之下者，乃最下級之種族，專事獄卒、販賣、屠宰、漁獵等職。

退離王宮。

在佛教看來，殺父親和殺母親並沒有差別，這都是極大的惡行。如果殺害父親不染污刹帝利種姓，而殺害母親才染污種姓，這是沒什麼道理的。但為了阻止阿闍世殺害母親，兩位大臣特意這樣說。

時阿闍世驚怖惶懼，告耆婆言：汝不為我耶。耆婆白言：大王，慎莫害母。王聞此語，懺悔求救，即便捨劍，止不害母。敕語內官，閉置深宮，不令復出。

阿闍世驚恐萬分，他對耆婆說：你真的不為我服務了嗎？耆婆說：大王，慎勿害母。國王聽到這番話，便懺悔自己的行為，放下寶劍不再殺害母親，但下令內官將母親關在深宮中不得外出。

從這些經文可以看出，即便高高在上的國王也有無常來臨之時。以前興盛發達的時候，頻婆娑羅王和韋提希的權勢多麼令人羨慕，可是後來頻婆娑羅王被兒子關在七重監獄中，很快就要被餓死了，韋提希也被兒子關在內宮不得外出，這又是多麼可憐。

和古代相比，如今此類無常之事更是經常發生。前一段時間，我看了一個有關陳水扁的紀錄片。當年身居總統寶座時，有無數人向陳水扁歡呼送花，如今他卻身陷囹圄。和陳水扁相比，有些國家的領導人更慘，甚至

佛說觀無量壽佛經講記　附　大勢至菩薩念佛圓通章講記

連命都送掉了。以前的伊拉克總統薩達姆就是一個例子。最近的利比亞總統卡扎菲也是如此，前一段時間他還在放狠話：有本事你們就過來，我在這裡等著……但現在不僅他的國家被反對派掌握，他本人也在人間消失了。大家想一想：連高高在上的國王和總統在無常面前尚不免如此，我們這些一般的人就更不用說了。因此大家要認識到，世間的地位、財富、名聲、相貌、欲妙等一切都是無常的，在無常面前沒有任何穩固不壞的法。

作為求解脫者，我們不應該貪戀虛妄無常的世間法。為什麼呢？因為一個人不會有兩種相違的心態，如果自己的心耽著亂七八糟的世間法，那就不可能擁有清淨的出世間境界。《大般涅槃經》中說：「諸欲皆無常，故我不貪著，離欲善思惟，而證真實法。」因此，我們只有遠離世間的貪欲，並且經常善巧思維真理，才能證得真實法。自古以來，很多智者首先都是放棄世間的貪欲，在此基礎上選擇了內在的精神解脫之路，原因也在於此。

世間人希求的是外在的物質享受，他們只知道感官刺激的快樂，根本不知道內在的精神快樂，這就是眾生的可悲之處。當然，我們要清楚，佛教提倡的精神快樂不是神秘主義，它經得起任何智者的觀察。不要說心的奧秘、萬法實相等甚深的佛理，僅以最基礎的萬法無常來講，世間的任何智者都無法否認。很多人都有這種感

覺——好像越學習佛法越「上癮」。我本人就是這樣，不管顯宗或者密宗的任何法要，我都是越學習越有興趣，學到最後總感覺這是世間唯一的真理。

我並不是因為貪執自宗，所以才偏愛佛教的。《勝出天神讚》中說：「我不執佛方，不嗔淡黃等，誰具正理語，認彼為本師。」（我不是貪執佛陀，也不是敵視淡黃派等外道，誰的語言具有正理，我就視彼為自己的本師。）同樣，我對佛法的熱愛也是基於公正態度的。

時韋提希被幽閉已愁憂憔悴，遙向耆闍崛山為佛作禮而作是言：如來世尊在昔之時恆遣阿難來慰問我，我今愁憂，世尊威重，無由得見，願遣目連尊者阿難與我相見。作是語已，悲泣雨淚，遙向佛禮。

韋提希夫人被幽閉在深宮中後，內心憂愁不樂，精神也很憔悴，於是向著耆闍崛山遙禮佛陀並這樣說：昔日我快樂的時候，如來世尊經常派遣阿難來慰問我，現在我非常憂愁痛苦，世尊德高威重，我不敢期望您親自來見我，但希望您派目犍連尊者和阿難來見我。說完悲淚如雨，遠遠向佛頂禮。

未舉頭頃，爾時世尊在耆闍崛山知韋提希心之所

念，即敕大目犍連及以阿難從空而來。佛從耆闍崛山沒，於王宮出。

還沒等她抬頭，世尊在耆闍崛山已經了知韋提希心中的念頭，就派目犍連和阿難從空中飛到王宮。世尊也從耆闍崛山消失，忽然在王宮中出現。

時韋提希禮已舉頭，見世尊釋迦牟尼佛身紫金色坐百寶蓮華，目連侍左阿難在右，釋梵護世諸天在虛空中普雨天華，持用供養。

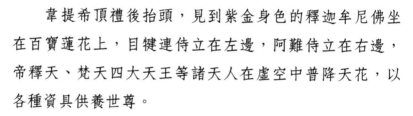

韋提希頂禮後抬頭，見到紫金身色的釋迦牟尼佛坐在百寶蓮花上，目犍連侍立在左邊，阿難侍立在右邊，帝釋天、梵天四大天王等諸天人在虛空中普降天花，以各種資具供養世尊。

時韋提希見佛世尊，自絕瓔珞，舉身投地，號泣向佛，白言：世尊，我宿何罪生此惡子？世尊復有何等因緣，與提婆達多共為眷屬？唯願世尊為我廣說無憂惱處，我當往生，不樂閻浮提濁惡世也。此濁惡處地獄餓鬼畜生盈滿，多不善聚，願我未來不聞惡聲，不見惡人。今向世尊五體投地，求哀懺悔，唯願佛日教我觀於清淨業處。

韋提希見到世尊後，解下身上的瓔珞裝飾，五體投地向世尊頂禮，邊哭著邊向佛陀說：世尊，我宿世造了

什麼罪業，怎麼生下這樣的惡子？世尊您又有什麼因緣，怎麼跟提婆達多共為眷屬？但願世尊您為我廣說無有憂惱之處，我想往生到那裡，我不願意再住在南瞻部洲這個濁惡世界。這個濁惡世界充滿地獄餓鬼旁生等惡趣，有很多不善的眾生。願我將來不聞惡聲不見惡人。我現在對世尊五體投地求哀懺悔，唯願佛日⑨教我觀修清淨剎土。

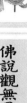

---

⑨這是對世尊的恭稱，意思是佛陀猶如太陽一般。

第二課

　　這段時間主要講淨土法門，如果因緣具足，以後我想和大家共同學習《六祖壇經》等禪宗的經論，再往後打算學習一些律宗的經論。雖然漢傳佛教有天台、唐密等八大宗派，但禪、淨、律這三宗是最重要的，所以我們有必要對此學習。

　　佛教徒要有包容心，雖然在座的人都是學藏傳佛教的，但是也應該學習其他傳承的教法，不僅要廣聞博學佛法，在有必要情況下也可學習其他宗教或者世間的知識。個別修行人以前思想比較保守，什麼都不願意接觸，這些人今後應該開放思想。當然，相比學佛的人，世間人就更需要開放思想了。最近三十年以來中國搞改革開放，擴大了與世界各國的交流，雖然在物質層面的開放還算可以，但在精神方面還有待進一步開放，還需要以更包容的心態了解世界。

　　我始終認為，作為大乘行人應該了解很多知識，如果只懂某一個法門，比如只了解淨土法門或者密宗法門，那不一定能度化很多眾生。佛陀之所以宣說八萬四千法門，原因也在於此。雖然佛法的究竟密義是一致的，在《華嚴經》或者《大寶積經》等一部大乘經典中，就已經含攝了世尊的所有教言，從這個角度而言，世尊似乎只說一部經典就足夠了，但是針對不同根機的

眾生，世尊還是宣說了無量法門。因此，大家要認識到，從自己修行的角度而言，專門研習一兩部法是可以的，但從弘揚佛法的角度而言，還是有必要廣泛地學習。如果一個人的心胸特別狹隘，要麼只學習藏傳佛教，其他什麼都不接觸，要麼只學習漢傳佛教，其他什麼都不學習，甚至在漢傳佛教裡面也只學習淨土或者禪宗，這樣發展下去就危險了，到一定時候很可能排斥或者誹謗其他宗派，從而造下捨法的嚴重惡業。其實，翻開無垢光尊者等前輩大德的傳記，我們不難發現，他們都是在學習浩如煙海的經論後才擁有無與倫比的智慧的。這些大智者尚且如此，作為後學者的我們，就更應該廣聞博學了。

現在我們能學習《觀經》，這在百千萬劫中都極其難得。你們不要認為：我跟這麼多人一起聽法，這是偶然的機會，這是一種巧合。《大寶積經》中說：「諸佛興出世，玄遠甚難值，人生在世間，亦甚難得遇。諸人咸同志，俱信樂聽經，於億百千劫，甚復不可遭。」因此，大家應該珍惜這次學習的機會。

如果我們對《觀經》有強烈的信心，這樣很容易往生淨土。《樂邦遺稿》中記載：以前有一個叫僧顯的出家人，當時《觀經》剛翻譯出來不久，看到《觀經》中所講的淨業三福以及九品往生之理，僧顯非常歡喜地說：「我身居五濁惡世，為眾苦所纏，現在得到了這部

佛說觀無量壽佛經講記　附　大勢至菩薩念佛圓通章講記

經，今後有解脫的希望了！」於是他依照《觀經》精進修持了九個月。有一天，僧顯見到阿彌陀佛放光接引，於是登上金剛臺安詳往生。

有些人經常擔心：自己一輩子造的業比較嚴重，死後會不會墮入三惡趣？其實，如果平時經常聽聞思維佛法，自己的心盡量與佛法相應，命終時根本不用害怕。這並不是我隨便說的，佛經中有許多這方面的教證。比如《福蓋正行所集經》中說：「當意樂正法，以慧善修作，是故命終時，決定離險難。」以前我看到這個教證時非常欣慰，覺得自己有解脫的希望了。為什麼呢？因為自己對佛法是有信心的，不像世間人那樣將佛法當作迷信、將佛陀當作神，而且自己也盡量串習佛法，所以，臨終時應該有解脫的機會。

如今我們遇到了《觀經》這麼殊勝的法門，應該抓住這個解脫的良機。在臨終之際，自己要依《觀經》觀想，如果自己實在不能觀想，就要讓人為自己念誦《觀經》。《蓮宗寶鑑》中記載：慧遠大師有一個叫僧濟的弟子，僧濟臨終的時候，慧遠大師遞給他一支蠟燭，提醒他攝心觀修西方淨土，並讓大眾為他念誦《觀經》。僧濟依照大師的教言，手持蠟燭專心觀想。到了五更時分，他把蠟燭遞給別人，然後小睡了一會兒。醒來後，僧濟說：「我剛才夢見阿彌陀佛垂手接引，現在我要去了。」說完就右臥而逝。像僧濟一樣，漢地有很多人依

靠《觀經》往生極樂世界。這次我沒時間翻閱很多資料，否則應該能找到許多往生的公案。阿彌陀佛的加持是不可思議的，在座的人遇到了這麼好的法門，只要大家努力修持，雖然不可能所有的人都往生淨土，但相當一部分人一定會往生，縱使今生不能往生，來世也會輕而易舉獲得解脫。

大家要將學習《觀經》當作非常重要的事情。不學佛的人或者沒有認真思維佛法的人總覺得人生很漫長，他們把所有心思都放在今生的發展和快樂上。其實人生是非常短暫的，幾十年一晃就過去了，而未來卻是極其漫長的，在未來的漫長歲月裡，我們是永享快樂還是永受痛苦，就取決於現在積累善法還是造作惡業，也就是說，今生就是決定來世的關鍵時刻。因此，雖然我們不得不拿出一部分時間用於衣食住行，但更有必要拿出時間用於學修佛法。當然了，作為大乘佛子，我們不僅要關心自己的解脫，更要關心一切眾生的解脫。不過可惜的是，末法時代很多人只關心今生的溫飽，連自己的來世都不想，更談不上想眾生了。本來，來世明明是存在的，可是許多愚癡者根本不知道，這些人確實非常可憐。相比之下，在座諸位就非常幸運了，能夠誠信三世因果，又遇到了《觀經》這麼殊勝的法門。在這個時候，大家不要錯過解脫的良機，一定要以歡喜心聽受此法。下面接著講經。

佛說觀無量壽佛經講記 附 大勢至菩薩念佛圓通章講記

昨天講到，韋提希夫人對娑婆世界生起真實的厭離心，她問世尊：我造了什麼樣的惡業，怎麼生了阿闍世這樣的不孝之子？世尊您又有什麼因緣，怎麼與提婆達多共為眷屬？這個世界太惡濁了，我不願意再待在這個世界，我不願意見到惡人，也不願意聽到惡聲，我想前往清淨的剎土。韋提希夫人這麼說以後，世尊便為她示現神變。

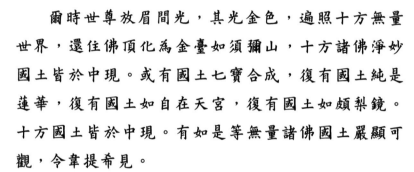

　　爾時世尊放眉間光，其光金色，遍照十方無量世界，還住佛頂化為金臺如須彌山，十方諸佛淨妙國土皆於中現。或有國土七寶合成，復有國土純是蓮華，復有國土如自在天宮，復有國土如頗梨鏡。十方國土皆於中現。有如是等無量諸佛國土嚴顯可觀，令韋提希見。

　　這個時候世尊從眉間放出金色光明，其光遍照十方無量世界，之後又返回並住在佛的頭頂，化為如須彌山一樣高大的金臺，十方諸佛的清淨微妙國土都在金臺中顯現：有的國土以七寶合成，又有國土純粹是蓮花所成，又有國土像自在天宮般莊嚴，又有國土像水晶鏡般清淨。十方國土都在金臺中顯現。金臺中有無量個這樣清淨莊嚴的佛土，令韋提希一一得見。

　　此處說，在一座金臺中，能夠顯現十方無量佛剎。這種境界對一般人來說是不可思議的。其實許多佛經中

都宣說過這個道理，如《華嚴經》云：「無量諸佛剎，能入一世界，佛剎不增減，不思議所行。」

依靠諸佛菩薩的加持力，很多人都能見到不可思議的景象。《米拉日巴尊者傳》中記載，米拉日巴尊者曾為惹瓊巴顯示神變，米拉日巴的身體沒有縮小，牛角也沒有變大，可是米拉日巴卻安然坐在牛角中。《華嚴經》中說，在彌勒菩薩的加持下，善財童子在毗盧遮那樓閣中見到彌勒菩薩從因地到果地的無邊顯現。對凡夫人來說，這些現象是很難想像的，但因為萬法是空無自性、如夢如幻的，所以只要具足了因緣，這些看似矛盾的現象是可以呈現的。在修行過程中，很多有一定境界的修行人也見到過此類淨相。

時韋提希白佛言：世尊，是諸佛土雖復清淨皆有光明，我今樂生極樂世界阿彌陀佛所，唯願世尊教我思惟，教我正受。

韋提希對佛說：世尊，這些佛土雖然很清淨並且都有光明，但我現在願意往生極樂世界阿彌陀佛面前，願世尊教我如何思維、如何修持三昧。

（藏地有這種說法：如果講法的人打噴嚏，說明聽法的人在打瞌睡；如果講法的人心散亂，聽法的人會打噴嚏。我剛才打了個噴嚏，是不是你們有人打瞌睡了？我發現有些人已經睡著了，而且還睡得特別香，可能他們夢見極樂世界了。）

佛說觀無量壽佛經講記　附　大勢至菩薩念佛圓通章講記

世尊為韋提希顯示了無量佛剎，每個佛剎都清淨光明，不像娑婆世界一樣到處是垃圾和髒東西。我們這個世界各方面都很不如意：今天這裡發生污染，明天那裡發生洩漏。不僅外環境，內有情也存在各種缺陷：有些人性格不好，有些人心情不快樂，有些人煩惱深重，有些人長相不莊嚴……有時候想起來，生活在濁世真是苦多樂少。有些不學佛的人認為：怎麼佛教說三界無安、猶如火宅呢？這種說法是不對的，你看我多麼快樂啊！其實他們不知道，在輪迴中暫時也許會有一點快樂，但大多數時間肯定是沉溺於苦海。只要以智慧去觀察，就不難明白這個道理。

在釋迦牟尼佛顯示的剎土中，韋提希唯一選擇阿彌陀佛的剎土，這說明她是有智慧的利根者。不管漢傳佛教界還是藏傳佛教界，自古以來，很多高僧大德都選擇了往生極樂世界，包括與我們有殊勝因緣的法王如意寶也是如此。極樂世界確實是智者的選擇，大家也應該發願往生極樂世界。

爾時世尊即便微笑，有五色光從佛口出，一一光照頻婆娑羅王頂。爾時大王雖在幽閉，心眼無障，遙見世尊，頭面作禮，自然增進，成阿那含。

這時世尊破顏微笑，從佛口中放出五色光明，每一光明照射頻婆娑羅王頭頂。國王雖然被關在監獄裡，但

24

他的心地法眼無有障礙地遙見世尊，於是稽首向世尊作禮。依靠世尊的加持力和自己的信心力，國王的境界自然增進，成就了阿那含果⑩。

佛所做的一切，包括微笑在內，都有甚深的密意。而凡夫人不是這樣，有時候無緣無故也會「哈哈哈」笑上半天，甚至自己都不知道為什麼笑。

我看過一個《觀經》的動畫片，那裡的情節跟此處有點不同，不知道你們看過沒有。昨天有個北京大學的學生給我打電話，他說自己正在寢室裡看某個故事。我問他為什麼要看。他說是老師要求看的，據說這對開發智慧有幫助。我說：「可能你沒有看書，是在看光盤吧？」他說：「對，書我不想看，但光盤還是願意看。」你們有些人也不太願意看書，但我希望大家還是要多看書。

雖然頻婆娑羅王是佛在世時印度最了不起的國王，可是他的晚年卻很不幸，是被自己的親生兒子害死的。由此可以看到，人生的遭遇是很難說的。當然大家也要知道，雖然阿闍世剛開始很壞，為篡奪王位而殺害父親，但後來他變成了好人，不僅在世尊面前懺悔了殺父惡業，而且世尊圓寂後五百阿羅漢結集三藏⑪時，他成為供給一切資具的大施主。

⑩阿那含：即不來果，聲聞四果中的第三果，獲此果者斷盡欲界之惑，不再來欲界受生。
⑪歷史上佛經有三次結集：第一次於佛陀入滅後不久，在阿闍世王護持下，五百阿羅漢聚會於王舍城外的七葉窟中，由阿難誦出經部，優婆離誦出律部，大迦葉誦出論部。第二次結集是在佛陀入滅後一百年左右。第三次結集是在佛陀入滅後二百多年。

有些人也許會想：為什麼世尊要放光加持頻婆娑羅王，使他證得阿那含果呢？這是因為雖然頻婆娑羅王和韋提希夫人都被關在監獄中，但兩人的情況有所不同：韋提希夫人雖然被關起來了，但她有吃有喝，身邊也有人伺候，相當於軟禁；而頻婆娑羅王沒有任何飲食，等於已經被判了死刑。可能世尊考慮到這一點，所以才特意放光加持國王，讓他在臨死前獲得阿那含果。

爾時世尊告韋提希：汝今知不，阿彌陀佛去此不遠，汝當繫念諦觀彼國淨業成者。我今為汝廣說眾譬，亦令未來世一切凡夫欲修淨業者得生西方極樂國土。

世尊告訴韋提希：你現在知不知道，阿彌陀佛離這個世界並不遙遠？你應當專心觀想他的國土以成就淨業。現在我為你廣說各種譬喻，令未來世一切欲修持淨業的凡夫得以往生西方極樂國土。

從這段經文可見，不僅當時在場的韋提希，未來的很多凡夫人都是《觀經》的當機者，所以這個法門確實很重要。漢地眾生有機會看到淨土三經，而藏地只有《阿彌陀經》和《無量壽經》，目前還沒有《觀無量壽佛經》，如果有時間，我想把這部經典翻譯成藏文。去年我翻譯《弟子規》花了很短時間，翻譯這部經典應該也不會困難。

欲生彼國者，當修三福。

凡欲往生彼國者，應當修持三種福德。

下面講的是非常關鍵的問題——淨業三福。在座的每個人都要好好觀察：既然我是發願往生極樂世界的，那我在實際行動中能不能做到這三福？其實這三福並不難，不管出家人還是在家人，都應該能做到這三條最基本的要求。

一者孝養父母，奉事師長，慈心不殺，修十善業。

第一是孝養父母，承事老師（包括世間的老師和佛教的上師）和長輩，以慈悲心不殺害眾生，修持十種善業⑫。

孝敬父母非常重要，從世間角度來講，這是基本的為人之道，從出世間角度來講，它的功德也很大。《賢愚經》中說：「出家在家，慈心孝順，供養父母，計其功德，殊勝難量。」《大方便佛報恩經》中也講過這種道理。所以大家要明白，孝敬父母是一切善法的基礎，欲往生淨土者一定要孝敬父母。

除了孝養父母，慈心不殺也很重要。如果你一邊念阿彌陀佛一邊打蚊子殺老鼠，這樣肯定往生不了極樂世

---

⑫雖然十善業包括了不殺生，但是因為在一切罪業中殺生最為嚴重，為強調這一點，所以單獨宣說不殺生。

佛說觀無量壽佛經講記　附　大勢至菩薩念佛圓通章講記

界。現在有些學淨土的人口中一邊「阿彌陀佛、阿彌陀佛、阿彌陀佛」，手上一邊「啪啪啪」打殺蚊蟲，這種行為非常顛倒。這些人應該想一想：如果別人一邊念阿彌陀佛一邊用刀子砍殺自己，或者一邊念阿彌陀佛一邊用槍對著自己的胸口，自己是什麼感受？所以念佛的人千萬不能殺害眾生，當然，如果是無意中殺了眾生，通過懺悔很容易清淨，還是有往生極樂世界的機會。

以上這些是在家信徒的基本行為，在此基礎上修持淨土法很容易往生極樂世界。在座的各位不想往生淨土就罷了，如果想往生淨土就一定要做到這些要求。

二者受持三歸，具足眾戒，不犯威儀。

第二是受持三皈依，具足清淨的戒律，不違犯威儀。

佛教的戒律有很多種：最基礎的是在家居士戒，往上有出家的沙彌戒、沙彌尼戒和比丘戒、比丘尼戒，再往上有菩薩戒乃至密乘戒。大家應該根據自己的根機受持相應的戒律。

有些人可能會想：在求生淨土的人當中，為什麼有些人要受比丘戒甚至菩薩戒，而有些人只要受居士戒就可以了？這是由於人的心態不同所致：有些人雖然只受了居士戒，但他們求生淨土的心特別切，平時修行也特別精進，因為心的力量不可思議，所以他們可以往生極

28

樂世界；相比之下，其他人雖然受了出家戒，但是由於往生的心不切，修行也不是特別精進，所以不一定能往生。

世尊在此處的說法比較靈活，他並沒有說必須受比丘戒或者菩薩戒才能往生淨土，這種說法隱含著一個甚深的道理——一個人能否獲得解脫，關鍵看信心和精進，如果信心特別大，修行也特別精進，那即便形象上沒有出家，照樣可以獲得解脫。現在經常有這種情況：有些居士對阿彌陀佛特別有信心，平時念佛也很精進，所以臨終安然往生淨土；相反，有些大法師臨終卻沒有往生。因此，諸位在家佛友們要清楚，雖然出家功德非常大，但如果不具足出家的因緣，自己也不必灰心，以在家身分修行也可以獲得成就。

總之，要往生極樂世界，必須受持清淨的戒律。法王如意寶講過，如果一個人相續中沒有一分戒律，就沒辦法約束自己的身心。《諸法集要經》中說：「於三有海中，以戒為船筏，當依教奉行，能到於彼岸。」佛陀入滅前也教誡弟子：「佛在世時以佛為師，佛滅度後以戒為師。」所以大家至少要受持一分戒律。

三者發菩提心，深信因果，讀誦大乘，勸進行者。如此三事名為淨業。

第三是發菩提心，深信因果，讀誦大乘經典，勸進

別人修行。這三種事就叫做淨業。

這裡講了四點要求：

1.發菩提心。要為利益一切眾生而發願往生極樂世界。

2.深信因果。《正法念處經》云：「信業果者，一切惡業，皆悉捨離。」這個教證說得非常清楚：如果能夠相信因果，以前造的業即便再重，後來也會得以清淨。

3.讀誦（也包括頂禮、轉繞）大乘。不知道你們有沒有看過《大乘密嚴經》，這部經中講了許多大乘的功德，如云：「嗚呼大乘法，微妙不思議，如來之境界，佛子應頂禮。」華智仁波切也造過讚歎大乘佛法的讚頌文。所以大家要受持《妙法蓮華經》、《金剛經》、《觀無量壽佛經》等大乘經典，而且不管到哪裡，也要隨身攜帶這些經典，將其作為頂禮或者供養的對境，這有不可思議的功德。

4.勸進行者。自己學修淨土法門的同時，也要勸化別人進入此法門。

佛告韋提希：汝今知不，此三種業乃是過去未來現在三世諸佛淨業正因。

佛對韋提希說：你知不知道？這三種業乃是過去現在未來三世諸佛宣說的往生淨土正因。

30

淨業三福不僅是釋迦牟尼佛對韋提希宣說的，也是三世諸佛對所有希求往生淨土者宣說的，所以大家應該對此引起重視。這些要求其實很簡單，如果你修行實在太差，那可能沒辦法行持，除此以外，只要是稍微有一點正知正念的人，都應該能行持這三種福業。大家最好背誦這幾段經文，如果實在不能背誦，應該記在筆記本上，筆記本上不要總是寫著：一斤白菜多少錢，一斤苦瓜多少錢……

世間人談論的都是生活、金錢、感情、房屋等瑣事，其實這些人應該反思一下：談論這些事情到底有什麼意義？今天我遇到一個修行人，他說：「有時候自己站在山頂，俯瞰城市裡的茫茫人海，想到自己從小到大，所認識的人當中已經死了多少？現在還活著的有多少？自己什麼時候離開人間？心裡總是有種說不出的感覺。」確實如此，死亡是非常恐怖的，面對死亡不是一件很容易的事。但我們光是恐怖也沒有用，應對死亡的唯一方法就是修行佛法。雖然活在世上，我們也需要為了生活而努力，不可能完全不考慮生活，但除了考慮生活以外，也應該考慮來世的解脫，也應該拿出部分時間用於學習佛法。學習佛法的機會非常難得，這次是我第一次講《觀經》，很可能也是我最後一次講，在座很多人是第一次聽《觀經》，很可能也是最後一次聽。生命是不會停下來等人的，我和你們一樣很快都會離開人

佛說觀無量壽佛經講記　附　大勢至菩薩念佛圓通章講記

間，所以大家一定要珍惜這次的機會，一定要記住經中開示的殊勝竅訣。

佛告阿難及韋提希：諦聽諦聽，善思念之，如來今者為未來世一切眾生為煩惱賊之所害者說清淨業，善哉韋提希，快問此事。阿難，汝當受持，廣為多眾宣說佛語。

佛告訴阿難和韋提希：諦聽諦聽，善思念之，如來今天為未來世一切被煩惱賊所害的眾生宣說清淨之業，善哉韋提希，你能問這樣的問題實在是太好了！阿難，你應當受持並且廣為大眾宣說佛的教言。

為什麼世尊再三要求「諦聽」呢？法王如意寶解釋說，這是因為某個問題特別重要，為了讓聽法者認識到它的重要性，所以世尊在說法時經常會再三要求「諦聽」。

「快問此事」的「快」不是「快慢」的「快」，而是「痛快」的意思。為什麼世尊對韋提希的提問感到高興呢？因為韋提希提出問題後，世尊藉此可以宣說淨業三福以及十六觀，也就是說，韋提希的提問關係到現在未來一切眾生的解脫大事。

所謂「廣為多眾宣說佛語」，不一定是直接對很多人宣說，通過做光盤、做法本讓人們知道佛法也叫「宣說佛語」。有的人說：「我沒有弘法的能力，我只能印

一點法本。」還有的人說：「我沒有弘法的能力，我只有幫忙打打字。」其實，通過各種途徑讓佛法流傳就是弘揚佛法。阿難便是如此，當年佛陀要求他宣說佛語時，他除了親自為大眾宣說，後來還通過結集經典將此經立為文字。

如來今者教韋提希及未來世一切眾生觀於西方極樂世界，以佛力故當得見彼清淨國土，如執明鏡自見面像。見彼國土極妙樂事，心歡喜故應時即得無生法忍。

如來今天教韋提希和未來世一切眾生觀想西方極樂世界，令一切眾生依靠佛的力量見到阿彌陀佛的清淨國土，猶如手執明鏡見到自己的面像一樣清晰。見到彼佛國土的微妙快樂之事後，以歡喜心的緣故當下獲得無生法忍。

不僅韋提希當時依靠佛的威力見到了極樂世界，包括我們在內的未來世一切眾生都能依靠此法不同程度地見到極樂世界：有些是在夢中見到，有些是在清淨的境界中見到，有些是在往生時見到。所以大家也應該生起歡喜心。

佛告韋提希：汝是凡夫，心想羸劣，未得天眼，不能遠觀，諸佛如來有異方便令汝得見。

佛告訴韋提希：你是凡夫人，心羸弱下劣，沒有獲

得天眼，不能見到很遠的地方，諸佛如來有特殊的方便（即金臺中現佛土）令你見到。

　　時韋提希白佛言：世尊，如我今者以佛力故見彼國土，若佛滅後諸眾生等濁惡不善五苦所逼，云何當見阿彌陀佛極樂世界。

　　韋提希問佛：世尊，像我今天是依靠佛陀您的威力見到了極樂世界，如果佛滅度後眾生為濁惡不善五苦⑬所逼，他們怎樣才能見到阿彌陀佛的極樂世界？

　　韋提希提的這個問題很好，在座各位可能會想：韋提希很有福報，她在佛加持下見到了莊嚴的極樂世界，可是我們怎樣才能見到極樂世界呢？韋提希提問以後，世尊依次宣說了十六觀。十六觀非常重要，依靠這十六觀就能見到極樂世界的依正莊嚴。以前我們講過往生四因，其中第一種因是明觀福田，對於具體怎樣明觀，其他經論中說的並不是特別清楚，而在這部經中則講得非常清楚，世尊從日想觀、水想觀開始，一個一個做了詳盡宣講。末法時代的眾生如果能依教觀修，一定能清淨自己的罪障並現見極樂世界。

---

⑬善導大師說，五苦為生、老、病、死、愛別離。

第三課

很多道友以前沒有學過淨土三經，2002年，我去廈門看病，在與當地佛學院法師交流過程中，我產生了這個想法：將來要和道友們學習淨土三經。可是多年來這個心願一直沒有實現，直到最近因緣才成熟。通過這次的學習，希望大家掌握淨土法門，並將所學之理運用於實際修行。

在座各位都清楚，死亡何時來臨是不好說的，誰都沒有把握明天不死。當離開世間的時候，財富、名聲、地位等一切世間法都帶不走，甚至自己最貪執的身體也帶不走。在那個時候，無論學顯宗還是密宗的人，都應該發願往生極樂世界，這就是前輩高僧大德和傳承上師給我們指點的解脫捷徑。大家應該趁死亡沒有到來時做好往生的準備，這就是有智慧者的選擇。

雖然我沒有在任何上師處得過《觀經》的傳承，這次只是從字面上給大家簡單講一遍，但是在此過程中，自己還是對阿彌陀佛及其剎土生起了極大信心。對修行人來說，經常學習佛法是很重要的。如果我們經常學習佛法，即便不談能增上自己的信心和智慧，至少可以遮止世間的迷亂顯現。《正法念處經》中說：「慎勿喜樂欲」，意思是修行人切莫貪愛世間的欲妙，但如果我們沒有具體方法，光說不要喜愛欲妙是沒有用的，只有經

常學習佛法，才能遮止對欲妙的貪戀。

現在大家共同學習《觀經》，這是非常殊勝的因緣，希望道友們不要半途而廢。在學習佛法的過程中經常會遇到各種違緣：在有些人面前，違緣是以美妙的方式呈現的，看起來似乎對自己有利，但實際上它是魔女的微笑；而在有些人面前，違緣是以恐怖的方式呈現的。總之，不管是什麼方式的因緣，只要讓人們中斷學習佛法，這就是違緣或者魔障。當遇到違緣或者魔障時，我們應該勇敢地面對，要想方設法去克服，要堅定地走解脫的光明大道。

下面開始講十六觀。前面講到，以韋提希的祈請為因緣，世尊準備為眾生宣說十六種觀法。漢地的大德非常重視十六觀，元照律師、憨山大師都造過十六觀偈。從這堂課開始我們次第介紹十六觀。

一、日觀

佛告韋提希：汝及眾生應當專心繫念一處，想於西方。

佛告訴韋提希：你和眾生應當專心繫念一處觀想西方。

不僅漢地淨土宗，藏地也有緣西方修持的傳統。每天下午太陽落山時，很多牧民都到帳篷外面，一邊念阿彌陀佛名號，一邊朝著西方頂禮，直到天黑為止。到目

前為止，藏區還保留著這種傳統。

云何作想。凡作想者，一切眾生自非生盲，有目之徒，皆見日沒。當起想念，正坐西向，諦觀於日，令心堅住，專想不移，見日欲沒，狀如懸鼓，既見日已，閉目開目，皆令明了。是為日想，名曰初觀。

怎樣觀想呢？凡作觀想的人要知道，一切眾生只要不是生下來就雙目失明，凡有眼睛的人都見過太陽落山。應當這樣運心觀想：面朝西方端坐，一心觀想落日，令心一緣安住於所緣境，專心觀想不向外散亂。這樣觀想成就後，能見到落日就像懸掛在空中的鼓一樣，見到落日後繼續觀想，最後不論閉目開目都見得了了分明。這就是日想，又叫做初觀。

大家要記住，在觀想過程中，關鍵是心要專注不移。不僅《觀經》這樣要求，《華嚴經》中也有這種要求，如云：「若能念佛心不動，則常睹見無量佛。」

為什麼世尊最初不要求觀想極樂世界或者阿彌陀佛，而是要求觀想落日呢？這是因為初學者的心不堪能，直接觀想極樂世界或者阿彌陀佛有一定困難，因此要求首先觀想西方的落日，以便增強行者的觀力。按照《觀經》的傳統，最初都應該這樣來觀想。

在漢地的歷史上，有很多淨土宗的大德長期觀佛念

佛說觀無量壽佛經講記　附　大勢至菩薩念佛圓通章講記

佛。現在也有不少精神可嘉的修行人，他們多年一心念佛，根本不像我們有些人那樣，剛學一兩年佛甚至才聽一兩堂課，就覺得自己很了不起。我看過一本叫《空谷幽蘭》⑭的書，書中介紹了很多隱居深山的修行人，其中有一位隱居在太姥山的老和尚，他是1939年入山修行的，當作者見到老和尚時，他已經八十五歲，有五十多年沒下山了。由於長期住山，老和尚不知道外界發生的一切。在交談的過程中，老和尚反覆問作者：「你剛才提到的『毛主席』是誰啊？」在隱居深山的五十多年裡，這位老和尚就是一直專念阿彌陀佛的。

和這位老和尚相比，很多人的耐心確實太差了。其實，不管學淨土、密宗還是其他法門，要想真正有所成就，耐心都是必不可少的。不僅做出世間法，做世間法也是如此，如果沒有長期的努力，只是做一兩年或者一兩天，那根本做不出什麼成績。《君規教言論》中說得非常清楚：「何者具有穩固心，毅力堅定勤不散，於己所作任何事，亦永勿生怯弱心。倘若不捨所做事，大事亦可逐漸成，磐石雖難以動搖，漸次能移至山頂。」所以希望大家具足長遠心。

---

⑭《空谷幽蘭》：美國漢學家比爾.波特寫的一部關於中國的「尋隱之旅」。他通過20世紀八九十年代親身探訪隱居在終南山等地的中國現代隱士，引出了中國隱逸文化及其傳統的產生和發展的歷史，並將其與他正在採訪的現狀相對照，表達了對中國傳統文化的高度讚歎和嚮往、懷戀。

作是觀者，名為正觀，若他觀者，名為邪觀。

這樣觀想叫做正觀，如果以其他方式觀想就叫做邪觀。

大家在觀想時不要添枝加葉：先觀一個太陽，在太陽上觀想阿彌陀佛，在阿彌陀佛頭頂上再觀想一個東西……現在很多人就是這樣——經論裡的內容不好好觀，反而在此之外觀這個觀那個。我看過有個人寫的一個儀軌，他隨便編了一個咒語，要求人們觀想：咒語在丹田上旋轉，頭頂上有一個月亮，月亮上有一個海螺，海螺上有一朵蓮花，蓮花上有一個本尊……其實這些都是凡夫分別念的產物，念修這種儀軌沒有任何意義。不過現在很多人就是這麼怪，整天都是憑分別念亂搞，說穿了這些都是邪觀。

諸佛菩薩在經論中是怎樣宣說的，我們就應該原原本本去觀想，這樣才會有功德。當然，不同經論中的觀法不盡相同，在這種情況下，我們修哪個法就要按哪個法的要求去觀想。比如這次學習《觀經》，那《觀經》中是怎麼講的，我們就怎樣觀想，這就叫做正觀。否則，如果增加其他的觀想或者減少本有的觀想，這都屬於邪觀。

實際上，第一觀就是令自心緣於西方。成就此觀的根本是令心專注，也就是淨土宗強調的一心不亂。當然，所謂的一心不亂是有層次的：剛開始，其他分別念

逐漸減少，這是低層次的一心不亂；中間，其他分別念都不起，心專注於極樂世界或者阿彌陀佛，這是較高層次的一心不亂；最後，遠離任何執著作意，這是最高層次的一心不亂，如《大方廣三戒經》云：「若不得心，是名一心。」

二、水觀

佛告阿難及韋提希：初觀成已，次作水想，想見西方一切皆是大水，見水澄清，亦令明了，無分散意。既見水已，當起冰想，見冰映徹，作琉璃想，此想成已，見琉璃地，內外映徹。

佛告訴阿難和韋提希：初觀成就後接著作水觀，觀想西方一切都是大水，見到大水澄清透明，也要見得了了分明，無有外散的分別念。見到水以後應當觀想水變成冰，見到透明映徹的冰後再觀想冰變成琉璃，這種觀想成功以後見到琉璃地內外透明映徹。

在生起次第中有「變化觀想法」：先觀想種子咒，然後種子咒變成本尊。此處的觀想方法比較類似：首先觀想水，然後觀想水變成冰，最後觀想冰變成琉璃。整個觀想的過程比較複雜，對於喜歡廣修的人來說，這種修法是比較適合的。

下有金剛七寶金幢，擎琉璃地，其幢八方，八

楞具足，一一方面，百寶所成，一一寶珠，有千光明，一一光明，八萬四千色，映琉璃地，如億千日，不可具見。

下面有金剛七寶幢撐著琉璃地，這些寶幢具足八面和八棱，每一面以百種珍寶所成，每一珍寶有千種光明，每一光明有八萬四千種顏色，這些光色映照琉璃地發出耀眼的光明，這些光明猶如千億個太陽一樣無法詳細辨別。

不僅是極樂世界，在人間的一些大城市，夜晚的燈光也耀眼奪目，人們的肉眼也沒辦法分辨，尤其在香港和美國的一些城市，到了晚上這種感覺特別強烈。

琉璃地上以黃金繩雜廁間錯，以七寶界分齊分明，一一寶中有五百色光，其光如華，又似星月，懸處虛空，成光明臺。

琉璃地上以黃金繩雜側間錯，這些琉璃地以七寶為邊界，劃分得整齊分明，每一寶中有五百種顏色的光，這些光像鮮花，又像星星月亮，懸在虛空中成為光明臺。

對於一般人來說，極樂世界的光明就像鮮花、星星、月亮一樣，並且懸在虛空中形成光明臺，這種景象是很難想像的。但實際上這就是淨土的真實狀況。現在人們放煙花時，煙花的光明都可以在夜空中呈現各種形

佛說觀無量壽佛經講記　附　大勢至菩薩念佛圓通章講記

狀,所以,極樂世界寶珠的光明在虛空中形成光明臺當然也是可以的。

樓閣千萬,百寶合成,於臺兩邊各有百億華幢無量樂器以為莊嚴,八種清風從光明出,鼓此樂器,演說苦空無常無我之音。是為水想,名第二觀。

有成千上萬座百寶所成的樓閣,在光明臺兩邊各有百億華幢和無量樂器作為莊嚴,從光明中出現八種清風,清風鼓動樂器發出苦空無我無常之音。這就是水想,叫做第二觀。

第三課

漢地很多古德都造有水觀的偈頌,各個大德宣說的重點不一:有些大德對所有的內容進行讚頌,有些大德對其中一部分進行讚頌。我們觀想的時候,應該按照經文中所說的完整地觀想,所有的內容都要觀想到位,這樣才比較好。

有些人可能有疑問:既然第二觀的內容很豐富,不僅限於水,那為什麼叫水觀呢?這是因為觀想琉璃地、光明臺等都源於觀想水,所以便統稱為水觀。

看了這段經文,我們可以想像極樂世界有多麼殊勝:大地以琉璃為主體、七寶為嚴飾⑮,而且隨時傳出苦空無常無我的法音,聽到這些法音後會生起出世間的智慧。而人間的聲音雖然體性是苦、空、無常、無我,但

---

⑮其他經典中也有大地以七寶為主的不同說法。

聽到很多聲音後不僅不能引生出離心，反而會刺激人們的感官，讓人們產生各種煩惱。

此想成時，一一觀之，極令了了，閉目開目，不令散失，唯除食時，恆憶此事。作此觀者，名為正觀，若他觀者，名為邪觀。

這種觀想成功時，要一一觀想令其了了分明，不管睜眼閉眼都不散失，除了吃飯以外恆時這樣憶念。這樣觀想叫做正觀，如果以其他方式觀想則叫做邪觀。

此處的觀想有兩個要點：

1.一一觀想。剛開始觀想水，然後觀想冰，然後觀想琉璃地，然後觀想琉璃地下的金剛幢，然後觀想琉璃放光形成光明臺，之後觀想樓閣、清風、法音。

2.反覆觀想。即除了吃飯睡覺以外，什麼時候都要觀想。剛開始，要做到這樣比較困難，但只要我們不斷地努力，到了一定時候，不管跟人聊天還是做其他事情，自己都能處於觀想的境界中。

三、地觀

佛告阿難及韋提希：水想成已，名為粗見極樂國地。若得三昧，見彼國地了了分明不可具說。是為地想，名第三觀。

佛告訴阿難和韋提希：水想成就以後名叫粗見極樂

國地，如果進一步得到三昧，就能見到彼國大地，這些景象能見得了了分明，其廣大莊嚴之相無法用語言具體宣說。這就是地想，叫做第三觀。

第三觀是在水觀的基礎上繼續觀想，直到極樂世界的大地清清楚楚現在眼前，這樣觀想的功德非常大。

佛告阿難：汝持佛語，為未來世一切大眾欲脫苦者說是觀地法，若觀是地者，除八十億劫生死之罪，捨身他世，必生淨國，心得無疑。作是觀者，名為正觀，若他觀者，名為邪觀。

佛告訴阿難：你要受持佛的語言，為未來世一切想離開輪迴痛苦的人宣說觀地法，如果有人做這樣的地觀，能滅除八十億劫生死之罪，捨棄今世的身體之後必定會往生極樂世界，自己對此心無疑惑。這樣觀想就叫做正觀，如果以其他方式觀想則叫做邪觀。

正因為阿難將佛的教言立為文字，又經過後來的大德代代相傳，現在我們才有學習《觀經》的機會。雖然我們不是在阿難面前親聞此經，但現在我們能學習他結集的經文，實際上和在阿難面前親聞沒有區別，所以大家應該生起歡喜心。

在座諸位當中，大多數都應該是欲脫苦者。當然也有個別人除外：有些人是以好奇心聽一兩堂課，看這些剃光頭的沙門到底在講什麼；還有些人是來當特務的，

第三課

44

雖然天天披著袈裟聽聞佛法，但實際上是為了完成秘密工作。除了這些人以外，如果真正想離開五濁熾盛的娑婆世界、前往清淨莊嚴的極樂世界，就應該按照佛的教言觀修。當然，要令極樂世界的景象完全現前，對很多人來說有一定困難，但只要努力觀想，也不是完全不可能。我看到你們有些人智慧還是很不錯的，每天講考《無量壽經》、《釋量論》時，很多人都能將經論中的教言原原本本講出來。你們很多人信心也不錯，都相信佛的金剛語，所以大家不要灰心，應該努力觀想。

世尊在這裡再次叮囑：「作是觀者名為正觀，若他觀者名為邪觀。」大家一定要注意這個問題。現在很多人把氣功、太極拳或者印度的瑜伽功跟佛法混在一起修煉，這樣做肯定是不合理的，在清淨的佛法中不需要摻雜世間的功法。

四、樹觀

佛告阿難及韋提希：地想成已，次觀寶樹，觀寶樹者，一一觀之，作七重行樹想。

佛告訴阿難和韋提希：地想成功以後接著要觀想寶樹，在觀想寶樹時要一一觀之，並且觀想這些寶樹縱橫排為七列。

我們這個世界的樹木根本無法與極樂世界的寶樹相比。我看過有個寺院種的樹，很多樹木長得彎彎曲曲、

高矮不一，而且排列得很不整齊。而極樂世界的寶樹不是這樣，所有的樹木高大挺拔，而且排列得非常整齊。

我在香港某大學聽到有個人講過心靈環保，他從環保的角度敘述了極樂世界的水池、寶樹、光明。我覺得他講得很有道理，如果從環保的角度來看，極樂世界做得確實非常不錯。

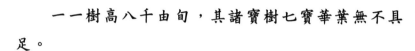

——樹高八千由旬，其諸寶樹七寶華葉無不具足。

每一棵樹高八千由旬，在這些寶樹上七寶所成的花、葉等無不具足。

極樂世界的寶樹很不可思議，根本不是我們這個世界的樹木能比的。以材質來講，娑婆世界的樹是普通材料所成，比如一棵柏樹，它的葉子就是一般的葉子，不可能是珍寶所成；而極樂世界的樹則不同，樹上的葉子、花都是七寶所成的。

由此我想到：人類的智慧真是太有限了，確實無法見到宇宙萬法的真相。當我們向外觀察眼前的柱子時，不管從世俗諦還是勝義諦角度來看，連柱子真相的百分之一都沒有見到。當我們向內返觀自心時，也見不到心的真相。正因為我們不具足智慧，所以很多想法都是顛倒的：不乾淨的東西我們認為是乾淨的，無常的東西我們認為是常有的，不存在的東西我們認為是存在的。可

以說，人類的思想其實是很多錯誤觀念集聚在一起的產物。所以輪迴中的眾生要清醒了：不要認為自己很有智慧，否則就是在自欺欺人。

一一華葉作異寶色，琉璃色中出金色光，頗梨色中出紅色光，瑪瑙色中出硨磲光，硨磲色中出綠真珠光，珊瑚琥珀一切眾寶以為映飾。

每一個花和葉子有不同的寶色，琉璃色中發出金色光，玻璃色中發出紅色光，瑪瑙色中發出硨磲光，硨磲色中發出綠珍珠光，珊瑚色中發出琥珀光，一切珍寶交相輝映互為嚴飾。

妙真珠網彌覆樹上，一一樹上有七重網，一一網間有五百億妙華宮殿如梵王宮，諸天童子自然在中，一一童子五百億釋迦毗楞伽摩尼以為瓔珞，其摩尼光照百由旬，猶如和合百億日月，不可具名，眾寶間錯，色中上者。

妙珍珠網覆蓋在樹上，每一棵樹上有七重寶網，每一網間有五百億座如梵王宮般的妙蓮華宮殿，諸天童子處於宮殿中，每一童子佩戴著五百億釋迦毗楞伽摩尼寶做的瓔珞，摩尼寶發出的光明照耀百由旬，猶如百億個太陽月亮的光明和合在一起，沒有辦法詳細宣說，在這些光明中，間錯分布著各種珍寶，這些珍寶的顏色在一

佛說觀無量壽佛經講記 附 大勢至菩薩念佛圓通章講記

切顏色中屬於最上者。

如果一個從來沒見過大城市的牧童某天來到一座大城市，他很可能會一下子愣住，根本無法接受眼前的一切；同樣，凡夫人從來不知道淨土的微妙莊嚴，如果有機會親眼見到極樂世界，他們很可能不敢相信自己的眼睛。

有些人會想：以前不是說過極樂世界的菩薩都現比丘相，而且形貌裝束都一樣嗎？怎麼這裡又說極樂世界有許多天子呢？其實這兩種說法並不矛盾，此處的天子並不是真正的有情，而是阿彌陀佛以神通幻化出來的。除了天子以外，其他經典中還提到，阿彌陀佛還幻化出白鶴、孔雀、鸚鵡等飛禽。

此諸寶樹，行行相當，葉葉相次，於眾葉間生諸妙華，華上自然有七寶果。一一樹葉縱廣正等二十五由旬，其葉千色，有百種畫，如天瓔珞。有眾妙華，作閻浮檀金色，如旋火輪，宛轉葉間，湧生諸果，如帝釋瓶，有大光明，化成幢幡無量寶蓋，是寶蓋中映現三千大千世界一切佛事，十方佛國亦於中現。

這些寶樹分佈得非常整齊，所有的樹行行相當、葉葉相次，在樹葉間出生諸多妙花，花上自然有七寶果實。每片樹葉寬廣都是二十五由旬，這些樹葉有千種顏

色和百種花紋，猶如天人的瓔珞一樣。樹葉間有眾多妙花，所有的花都是閻浮檀金色⑯，這些花猶如旋火輪一樣宛轉呈現於樹葉間，花上湧生諸多寶果，這些果實就像帝釋天的妙瓶一樣具有光明，光明中變化出無量的幢幡和寶蓋，寶蓋中映現三千大千世界的所有佛事⑰，十方如來的國土也在寶蓋中映現。

與極樂世界的寶樹相比，我們這個世界的樹林完全不同：樹木生長得很不整齊，每片樹葉大小不一——大的特別大、小的特別小，而且樹花和樹果不能同時出現，只有樹花謝了以後才能結出果實。

見此樹已，亦當次第一一觀之，觀見樹莖枝葉華果皆令分明。是為樹想，名第四觀。作是觀者，名為正觀，若他觀者，名為邪觀。

見到這些寶樹後，也要按照次第一一觀想，將寶樹的莖枝葉花果都觀得了了分明。這就是樹想，名叫第四觀。這樣觀想就叫做正觀，如果以其他方式觀想則叫做邪觀。

---

⑯也有白紅等其他顏色，但其他顏色花的底色也是閻浮檀金色。
⑰諸佛最初發心、中間積累資糧、最後成佛度化眾生的一切事業都如夢幻般在寶蓋中呈現。

第四課

　　《觀經》主要講觀想方法，沒有很多可發揮的內容，再加上在座很多人古漢語水平很高，理解起來也沒什麼大問題，所以好像我不用講解也行。但為了利益某些初學者，我還是有必要講解一遍。華智仁波切在《前行》中經常說「我與如我～～眾有情，～～～～～～祈加持」，我也是這樣，為了讓我和像我一般的迷惑眾生獲得利益，所以發心帶領大家學習《觀經》。尤其對我來講，因為《觀經》是漢傳佛教的經典，藏傳佛教沒有這部經，所以學一遍是很好的，自己心裡也很高興。

　　從我個人的體會來看，在這個世界上，只會給人們帶來快樂、從不會導致痛苦的唯有佛法，而其他任何事物剛接觸時會有一種快感，但久了以後就會帶來負面效應。所以，我總是覺得學習佛法是人生最有意義的事情。希望在座各位不要把聽聞佛法當作壓力。在菩提學會中，有些人五六年以來一堂課都沒有缺，雖然他們聽法比較困難，每次上課都要坐兩三個小時的車，但他們一直堅持不斷地聽法。這種精神非常可嘉。對於希求解脫的人來講，確實需要這樣的付出。請大家想一想：為了世間的生活，自己付出過多大代價？現在為了解脫大事，付出一些難道不是很有必要嗎？所以，大家應該努力學習佛法，要把學習佛法當作生活的一部分，當作人生最大的享受。

第四課

五、池觀

佛告阿難及韋提希：樹想成已，次當想水，欲想水者，極樂國土有八池水，一一池水七寶所成，其寶柔軟，從如意珠王生，分為十四支，一一支作七寶妙色，黃金為渠，渠下皆以雜色金剛以為底沙。

佛告訴阿難和韋提希：樹想成功以後接著要觀想水，如果要觀想水，應當觀想極樂國土有八功德水池，每個水池都是七寶所成⑱，這些珍寶非常柔軟，從池中的如意珠王流出八功德水，八功德水分為十四支，在七寶映襯下每一支流水都現為七寶妙色，七寶水池以黃金為渠道，渠道下面都以雜色的金剛砂作為底沙。

一一水中有六十億七寶蓮花，一一蓮華團圓正等十二由旬，其摩尼水流注華間，尋樹上下，其聲微妙，演說苦空無常無我諸波羅蜜，復有讚歎諸佛相好者。

每一水池中有六十億朵七寶蓮花，每一朵蓮花圓徑都是十二由旬，從如意珠出生的水流注在蓮花間，沿著蓮花的莖上下流動⑲，發出微妙的聲音，演說苦空無常無我六波羅蜜，又有聲音在讚歎諸佛的相好莊嚴。

---

⑱經中雖然說「一一池水，七寶所成」，但這裡的「池水」應該理解為「水池」，即這些水池是七寶所成的。關於這個道理，在《阿彌陀經》中解釋得很清楚，如云：「有七寶池，八功德水充滿其中。」
⑲因為極樂世界的蓮花很高大，所以用「樹」來稱蓮花莖。

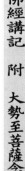

我去過學院的個別發心部門，有些部門的樓梯間擺著花，他們自認為花擺得特別好，可是從來不捨得擦花，結果花上的灰塵比花葉還厚。也許他們擔心除掉灰塵後花朵的笑臉會露出來吧。

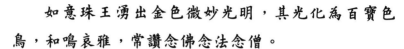
如意珠王湧出金色微妙光明，其光化為百寶色鳥，和鳴哀雅，常讚念佛念法念僧。

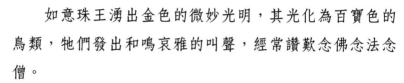
如意珠王湧出金色的微妙光明，其光化為百寶色的鳥類，牠們發出和鳴哀雅的叫聲，經常讚歎念佛念法念僧。

人們都喜歡鳥語花香的環境，當在林下水邊休息時，如果聽到鳥叫心裡會感覺很舒服，相比之下，其他動物的叫聲聽起來則不是很舒服。也許正因為如此，所以極樂世界沒有其他動物，阿彌陀佛只幻化了白鶴、孔雀、鸚鵡等飛禽。由於這些飛禽是阿彌陀佛化現的，所以牠們的鳴叫聲不僅吉祥，而且與解脫密切相關，要麼讚歎佛寶，要麼讚歎法寶，要麼讚歎僧寶，聽到這些聲音後，不僅令人感到很吉祥，而且有很大的功德。

當然，與外在環境相比，人們感覺吉祥與否更主要取決於內在的身心狀況。當一個人心情快樂、身體健康時，晚上的夢境會比較吉祥，要麼夢見上師三寶，要麼夢見行持善事；如果一個人心情不佳、身體不好時，夢境就會不太吉祥，有可能夢見魔鬼或者已經過世的人。

一般來講，沒有人會在心情惡劣、身體不好時夢見諸佛菩薩，也不會在心情愉快、身體健康時做惡夢。我個人常有這方面的體驗。

是為八功德水想，名第五觀。作是觀者，名為正觀，若他觀者，名為邪觀。

這就是八功德水想，名叫第五觀。這樣觀想叫做正觀，如果以其他方式觀想就叫做邪觀。

六、總觀

佛告阿難及韋提希：眾寶國土一一界上有五百億寶樓，其樓閣中有無量諸天作天伎樂，又有樂器懸處虛空，如天寶幢不鼓自鳴，此眾音中皆說念佛念法念比丘僧，此想成已名為粗見極樂世界寶樹寶地寶池。

佛告訴阿難和韋提希：在眾寶莊嚴的極樂國土，每一個地域都有五百億座寶樓[20]，在樓閣中有無量天人演奏天樂，又有樂器自然懸在虛空中，就像天界的寶幢一樣不需擊奏就自然發出聲音，這些聲音都在宣說念佛、念法、念比丘僧，這種觀想成就以後叫做粗見極樂世界寶樹寶地寶池。

---

[20]前面講過，極樂世界的大地以七寶為界，此處的「一一界」即以七寶分出的很多區域，這就像人間的城市分出的很多小區一樣。

藏地的佛教徒都喜歡念皈依偈，有些老人甚至走路都在不斷地念。而漢地則沒有這種傳統，很多人只要一修完五加行，從此以後再也不念皈依偈了。其實這樣很不好。請大家想一想：既然極樂世界隨時隨地都傳出憶念三寶的聲音，那我們為什麼不經常憶念三寶呢？

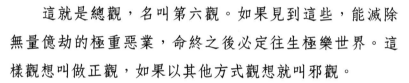

是為總觀想，名第六觀。若見此者除無量億劫極重惡業，命終之後必生彼國。作是觀者，名為正觀，若他觀者，名為邪觀。

這就是總觀，名叫第六觀。如果見到這些，能滅除無量億劫的極重惡業，命終之後必定往生極樂世界。這樣觀想叫做正觀，如果以其他方式觀想就叫邪觀。

要真正見到極樂世界，這是有一定困難的。即使現在我們再努力修行，也不一定馬上見到極樂世界。但觀想極樂世界是可以做到的，只要自己願意去做，在座各位都應該沒有什麼問題，所以大家要經常依教觀想。

觀想阿彌陀佛和極樂世界有很大功德，希望道友們經常按照《阿彌陀經》、《無量壽經》和《觀經》做觀想。憶念淨土跟產生世間的分別念是完全不同的。無垢光尊者在《法界寶藏論》中說：「如果認識了心性就是覺悟，如果沒有認識心性就是庸俗的分別念，這二者差別極大：一個是解脫的覺悟心，一個是輪迴的迷亂心。」因此，所謂佛與眾生，差別就在於覺和不覺。不

僅密宗這樣認為，顯宗也是這樣認為的。當兩個人從你面前經過時，表面上看起來他們是一樣的，但實際上一個人內心充滿貪嗔癡和非理作意，另一個人心裡始終不離開緣三寶的清淨作意，由於兩人的心態存在極大差別，所以功德和過失完全不同，最後的去向也截然不同——一個步入黑暗，一個走向光明。所以，希望大家好好把握自己的心。

七、座觀

佛告阿難及韋提希：諦聽諦聽，善思念之，吾當為汝分別解說除苦惱法，汝等憶持，廣為大眾分別解說。

佛告訴阿難和韋提希：諦聽諦聽，善思念之，我將為你們分別解說遣除苦惱的方法，你們要憶持於心中並且廣為大眾宣說。

其實聽聞佛法就應該是這樣：首先自己要好好地聽聞，聽聞的時候心既不能外散，也不能過於內收，之後要以所聞之法調伏自相續，最後要以佛法利益眾生。

說是語時，無量壽佛住立空中，觀世音大勢至是二大士侍立左右，光明熾盛不可具見，百千閻浮檀金色不得為比。

釋迦牟尼佛說這番話的時候，無量壽佛站立在前方

的虛空中，觀世音和大勢至這兩位大菩薩侍立在左右，他們發出極其熾盛的光明，以致於無法具體明見，即便百千閻浮檀金也比不上他們的身色。

漢地的西方三聖立像就是以此為依據的。當然，除了立式的西方三聖，漢地也有坐式的西方三聖。各個經典的說法不完全相同，所以依之而造的像也不同。以前曾有人問我：「為什麼有些西方三聖是站著的，而有些則是坐著的？」我半開玩笑地回答說：「諸佛菩薩的幻變是不可思議的，不管站著坐著都是可以的，世間人每次見面都不一定是同一個姿勢，諸佛菩薩就更不用說了。在觀想的時候，你修持哪個儀軌，就按那個儀軌的要求去觀想。」

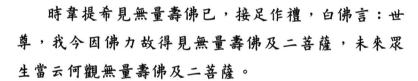

時韋提希見無量壽佛已，接足作禮，白佛言：世尊，我今因佛力故得見無量壽佛及二菩薩，未來眾生當云何觀無量壽佛及二菩薩。

韋提希見到無量壽佛後稽首頂禮佛足，之後問釋迦牟尼佛：世尊，我今天依靠佛力見到了無量壽佛以及二位大菩薩，未來的眾生應當如何觀想無量壽佛和二位菩薩呢？

韋提希福分非常大，依靠釋迦牟尼佛的力量，她親眼見到了西方三聖，她也非常關心未來的眾生，所以代未來的眾生問世尊如何觀想西方三聖。作為發了菩提心

的人，我們應該向她學習，自己得到佛法以後也要想到：還有很多眾生沒得到佛法，怎樣才能讓他們得到佛法？

佛告韋提希：欲觀彼佛者，當起想念，於七寶地上作蓮花想。

佛告訴韋提希：要想觀見無量壽佛，就應當運心作觀，觀想在七寶地上有一朵蓮花。

此觀是觀想無量壽佛的蓮花座，此觀成就後接著要觀想無量壽佛。其實這種觀想方法在密宗裡面也有——先觀想蓮花座，然後觀想蓮花座上面有種子字，然後觀想種子字變成本尊。

令其蓮花一一葉上作百寶色，有八萬四千脈，猶如天畫，一一脈有八萬四千光，了了分明，皆令得見。

觀想這朵蓮花的每一片花葉上有百種珍寶之色，每一片葉子有八萬四千脈絡，這些脈絡就像天界工匠描繪的一樣莊嚴，每一個脈絡發出八萬四千光，要將這些內容觀想得了了分明，都能清清楚楚地見到。

極樂世界的一片花瓣有百種不同的顏色，跟娑婆世界的花瓣完全不同，我們這裡的一片花瓣上最多有紅黃白綠等幾種顏色。

華葉小者，縱廣二百五十由旬，如是蓮華有八萬四千大葉，一一葉間有百億摩尼珠王以為映飾。一一摩尼珠放千光明，其光如蓋，七寶合成，遍覆地上。釋迦毗楞伽寶以為其臺，此蓮華臺八萬金剛甄叔迦寶、梵摩尼寶、妙真珠網以為交飾。

在蓮花葉當中，小的花葉縱廣二百五十由旬，蓮花有八萬四千片大葉，每一片葉間有百億摩尼珠王作為映飾莊嚴。每一個摩尼珠放出千種光明，這些光化為七寶合成的寶蓋，這些寶蓋覆蓋在大地上。蓮花中央有釋迦毗楞伽寶所成的蓮臺，蓮臺以八萬金剛甄叔迦寶、梵摩尼寶珠、妙珍珠網作為裝飾。

釋迦毗楞伽寶是一種珍貴的寶珠，譯為離垢，又譯為能勝，即能勝過世間一切之寶，這種珍寶是帝釋天的頸飾。甄叔迦寶是一種紅寶石，印度有一種甄叔迦樹，樹花是紅色的，因為這種珍寶的顏色類似甄叔迦花，故名為甄叔迦寶。梵摩尼寶譯為淨珠，即大梵天王的如意寶珠。

於其臺上自然而有四柱寶幢，一一寶幢如百千萬億須彌山，幢上寶幔如夜摩天宮，復有五百億微妙寶珠以為映飾。一一寶珠有八萬四千光，一一光作八萬四千異種金色，一一金色遍其寶土，處處變

第四課

化各作異相，或為金剛臺，或作真珠網，或作雜花雲，於十方面隨意變現施作佛事。是為花座想，名第七觀。

在蓮臺上自然而有四個寶幢，每個寶幢像百千萬億須彌山一樣高大，寶幢上的寶幔就像夜摩天宮的寶幔一樣莊嚴，又有五百億微妙寶珠作為映飾莊嚴，每一寶珠有八萬四千光明，每一光明有八萬四千金色，每一金色遍於七寶國土，處處變出各種形象：或者變成金剛臺，或者變成珍珠網，或者變成雜花雲，在十方隨意變現，用於上供下施等佛事。這就是花座想，叫做第七觀。

在漢地的一些淨土宗古寺裡，經常可以見到這樣的壁畫——阿彌陀佛端坐在蓮花臺上，阿彌陀佛身邊有四根寶幢，寶幢頂上是被眾多瓔珞所裝飾的幡蓋。這種繪畫就是以《觀經》為依據的。

佛告阿難：如此妙花是本法藏比丘願力所成，若欲念彼佛者，當先作此妙花座想。作此想時不得雜觀，皆應一一觀之，一一葉一一珠一一光一一臺一一幢皆令分明，如於鏡中自見面像。

佛告訴阿難：這樣的妙花是法藏比丘的願力所成，如果想憶念彼佛，應當首先作這種妙花座想。作此想時不能雜觀，要按照次第一一觀想，一片片葉子、一顆顆寶珠、一縷縷光明、一座座蓮臺、一個個寶幢都要觀想

得了了分明，猶如在鏡中看自己的面像一樣清晰。

　　有些人一看鏡子會嚇一跳：「哇！原來我是這個樣子！」觀想花座成功時，也要如同在鏡中見到自己的面像一樣清晰。只要下工夫，應該可以成就此觀。要真正見到阿彌陀佛很難，但觀想阿彌陀佛並不是很難，這裡說的是「此想成者」，並沒有說「此見成者」，所以大家應該精進觀想。

　　此想成者滅除五萬億劫生死之罪，必定當生極樂世界。作是觀者，名為正觀，若他觀者，名為邪觀。
　　這種觀想成功後能滅除五萬億劫生死之罪，必定會往生極樂世界。這樣觀想叫做正觀，如果以其他方式觀想就叫邪觀。
　　此處的蓮花座其實就是阿彌陀佛的幻化，所以，不必等十六觀全部成就，僅依靠此觀就能夠獲得阿彌陀佛的加持並往生極樂世界。只不過因為眾生的根機不盡相同，有些人對座觀有興趣，有些人對佛觀有興趣，所以世尊才宣說了十六種觀法。

　　八、像觀
　　佛告阿難及韋提希：見此事已，次當想佛。所以者何。諸佛如來是法界身，遍入一切眾生心想中，

第四課

是故汝等心想佛時，是心即是三十二相八十隨形好，是心作佛是心是佛，諸佛正遍知海從心想生，是故應當一心繫念諦觀彼佛多陀阿伽度阿羅呵三藐三佛陀。

佛告訴阿難和韋提希：見到此事以後接著要觀想佛。為什麼要觀想佛呢？因為諸佛如來是法界身，能夠遍入一切眾生的心想中，所以你們心想佛的時候，當下這顆心就是具足三十二相、八十隨好的真佛。自己的這顆心作意佛的時候，這顆心就成了真正的佛，一切諸佛正遍知海都是從眾生的心想而出生的，所以應當一心繫念諦觀彼佛多陀阿伽度（如來）阿羅呵（應供）三藐三佛陀（正等覺）。

此處的道理我曾講過無數次，我本人對此有深刻的定解。其實這正是密宗「即身成佛」的理論依據。大圓滿中經常說：心性本來就是佛，認識心性就是見到了普賢王如來。《大幻化網》中也有很多這樣的教證。其實漢傳佛教也有這樣的說法，比如黃檗禪師曾說：「汝心是佛，佛即是心，心佛不異，故云即心是佛，若離於心別更無佛。」[21]現在漢地有些人不承認密宗的即身成佛，其實這些人應該想一想：既然漢傳佛教也認為心就是佛、佛就是心、見到心性就是成佛，那密宗的即身成佛有什麼不對？

---

[21]在《藏密問答錄》中，堪布仁波切引用這個教言論證過密宗的即身成佛。

《觀經》中說，心想阿彌陀佛時，此心就是阿彌陀佛。密宗的說法與此完全相同。我聽過阿秋喇嘛的一個教言，他說：「當我們觀想蓮花生大士時，當時的這個分別念就是蓮花生大士。」同樣，我們的心觀想上師時，因為上師的智慧沒有不遍之處，所以當下這顆心就是上師。當我們觀想文殊菩薩時，當下的這顆心就是文殊菩薩。不僅內心觀想的聖尊，口中念的咒語也是如此。麥彭仁波切在《大幻化網總說光明藏論》中講得很清楚，諸佛菩薩所說的咒語與聖尊實際上也是無二無別的。

總之，我們的心不管緣取任何對境，當下這顆心就成了與對境無二之法。如果我們觀想佛，自己的心就是佛，如果我們產生貪嗔癡，自己的心就是魔。所以，心可以做魔，也可以做佛，每個人是做魔還是做佛，就看如何把握自己的心了。

想彼佛者，先當想像，閉目開目，見一寶像，如閻浮檀金色，坐彼華上。

觀想阿彌陀佛時首先應當觀想佛的像，不管睜眼閉眼都觀想一尊寶像，其顏色如同閻浮檀金色，形象是端坐在蓮花上。

大家可以看到，此處阿彌陀佛的姿勢就和前面不同，前面韋提希見到的阿彌陀佛是站著的，而此處觀想

的阿彌陀佛是坐在蓮花上的。

　　此處觀想阿彌陀佛是金色的，而藏傳佛教觀想的阿彌陀佛是紅色的，現在網上有人說：「藏傳佛教的阿彌陀佛是紅色的，漢傳佛教的阿彌陀佛是金色的，到底哪個是真的，哪個是假的？」這種疑問就是不懂佛法的表現。實際上，漢傳佛教也有紅色的阿彌陀佛。蕅益大師在《靈峰宗論》中講過一個公案：以前有個居士，他因為兒子夭折而猛感無常，於是閉戶謝客，專門觀修阿彌陀佛。剛開始他心頭懵懵懂懂的，經過一段時間的努力，他見到了比較黯淡的佛身。於是他更加用心觀想，有一天從空中發出聲音：「若欲見金色身者，須於佛身先作紅想。」他依教觀想，最後果然見到了金色的佛身，佛的光明照在四壁，室內所有的東西都成了金色。因此，以後看到各個傳承的說法有所不同時，大家不要分別哪個是真的、哪個是假的。實際上，諸佛菩薩的身相是什麼樣都可以。在觀想文殊菩薩時，按照不同的儀軌，可以觀想為紅、白、黑等顏色，這些都沒有矛盾。在藏傳佛教中，金剛亥母、金剛橛等本尊有很多種身相。漢傳佛教也是如此，觀世音菩薩有百千萬身相。我們不能斷定某一種身相是真的，其他的身相都是假的，只不過在修行過程中，自己可以按照某個身相來觀想。

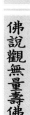

佛說觀無量壽佛經講記　附　大勢至菩薩念佛圓通章講記

像既坐已，心眼得開，了了分明，見極樂國七寶莊嚴寶地寶池寶樹行列，諸天寶縵彌覆其上，眾寶羅網滿虛空中。見如此事，極令明了，如觀掌中。

見到佛像坐在蓮花上以後，心眼得以打開，能了了分明地見到極樂國土的種種七寶莊嚴——寶地、寶池、寶樹行列，諸天人的寶縵覆蓋在寶樹上，眾寶莊嚴的羅網遍滿虛空中。見到這些事後，要更加用心觀想，令其極其明了，猶如觀看自己掌中的東西一樣清楚。

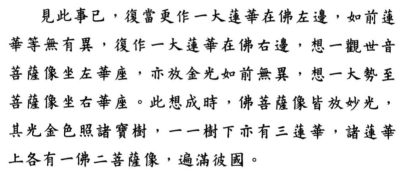

見此事已，復當更作一大蓮華在佛左邊，如前蓮華等無有異，復作一大蓮華在佛右邊，想一觀世音菩薩像坐左華座，亦放金光如前無異，想一大勢至菩薩像坐右華座。此想成時，佛菩薩像皆放妙光，其光金色照諸寶樹，一一樹下亦有三蓮華，諸蓮華上各有一佛二菩薩像，遍滿彼國。

見到這些事以後，再觀想一朵大蓮花在佛左邊，這個蓮花跟前面佛坐的蓮花無有差別，再觀想一朵大蓮花在佛右邊，觀想一尊觀世音菩薩坐在左邊的花座上，他也放出金色的光芒，跟前面的阿彌陀佛一樣，然後觀想一尊大勢至菩薩坐在右邊的花座上。這些觀想成功以後，阿彌陀佛和兩大菩薩的像都發出殊妙的光明，其光金色照耀諸寶樹，每一棵樹下也有三朵蓮花，每一蓮花上各有一佛二菩薩像，這些佛菩薩像遍滿整個極樂國土。

第四課

此想成時，行者當聞水流光明及諸寶樹鳧雁鴛鴦皆說妙法，出定入定恆聞妙法。行者所聞，出定之時憶持不捨，令與修多羅合，若不合者，名為妄想，若與合者，名為粗想見極樂世界。是為想像，名第八觀。

這種觀想成功時，行者可以聽到水流、光明以及諸寶樹、野鴨、大雁、鴛鴦都宣說妙法，入定出定恆時聽聞到妙法。行者出定後要將定中所聞之法牢記不捨並與佛經相對照，如果發現定中所聞之法與佛經不符合，說明自己的境界是妄想，如果與佛經符合，就叫做粗想見極樂世界。這就是像觀，叫做第八觀。

作是觀者，除無量億劫生死之罪，於現身中得念佛三昧。作是觀者，名為正觀，若他觀者，名為邪觀。

作這種觀想的人能夠滅除無量億劫生死之罪，即生中就能獲得念佛三昧。這樣觀想叫做正觀，如果以其他方式觀想就叫邪觀。

這種觀想並不是很難，如果大家真正去觀想，都應該能成功。這樣觀想功德也非常大，前面的幾種觀想都只能滅除一定數量的罪業，而這種觀想能滅除無量億劫生死之罪，並且即生獲得念佛三昧。

今天講完了第八觀。第八觀非常重要，如果有些人

佛說觀無量壽佛經講記　附　大勢至菩薩念佛圓通章講記

其他觀法觀不來，就應該經常修持此觀。不管漢傳佛教還是藏傳佛教的西方三聖像，你覺得哪一種適合自己的根機，或者自己比較喜歡哪一個，就將其作為自己觀修的對境。如果能夠將西方三聖觀想得了了分明，這就是一種非常好的懺悔方法，能夠清淨無量劫以來所造的罪業，而且即生中能夠獲得念佛三昧。所以希望大家努力觀修。

第四課

第五課

通過這次學習，大家要明白《觀經》的主要內容，之後要按照這些內容實地修持。人生非常短暫，作為求解脫的佛教徒，光是從文字上了解佛法或者口頭上會說一點佛法是遠遠不夠的，大家還應該重視修行。

當然，所謂的修行，不一定非要關起門來修法，在生活中運用佛法、做利他的事情也叫修行。現在有些人只知道關起門來修法，沒有將大乘的利他精神付諸於行動。其實，和獨自修行相比，利益眾生才是大乘佛教的精要。在其他宗教當中，雖然也有利他的精神和行為，但遠遠比不上大乘佛教。可惜的是，雖然大乘佛教處處強調無條件利益眾生，可是相當一部分大乘佛教徒卻逃避利益眾生，只是自己享受佛法的美味，在讓他人分享佛法方面做得很不夠。身為大乘佛子，不管出家人還是在家人，都應該以大乘的精神廣泛地利益眾生。

在利益眾生的過程中，我們要注意一個問題：因為眾生的根機千差萬別，不一定所有人都能馬上接受佛法，所以只要是對眾生有利益的事情，不管有暫時還是究竟的利益，我們都應該努力去做。如果我們把慈善等善行看做世間法，認為這不是修行人應做的事情，這是不合理的。如今這個社會非常現實，大多數人關心的是眼前利益，因此，如果我們適當地做一些世間善法，不

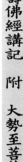

佛說觀無量壽佛經講記　附　大勢至菩薩念佛圓通章講記

僅對自己的修行不會有影響，對佛法的弘揚也有很大幫助。有些人整天以自私自利心閉門修法，這樣修行效果不一定好。因此，希望大家放下自我的執著，要多考慮怎樣利益眾生，要經常行持利他的行為，這一點非常重要。

其實，只要一個人的見解到位，即便他整天在做事情，修行也會成功。米拉日巴尊者說：「因為我的身體被大手印和大圓滿的釘子釘住了，所以口中不得不吐出教言的鮮血。」這個教言講得非常好，如果內心有佛法的境界，一切外在言行自然而然都會隨順佛法，這就是真正的修行。下面繼續講十六觀。

九、佛觀

佛告阿難及韋提希：此想成已，次當更觀無量壽佛身相光明。阿難當知，無量壽佛身如百千萬億夜摩天閻浮檀金色，佛身高六十萬億那由他恆河沙由旬。

佛告訴阿難和韋提希：此觀成功以後，接著要觀無量壽佛的身相和光明。阿難你應當知道，無量壽佛身體如同百千萬億夜摩天的閻浮檀金色，佛身高六十萬億那由他由旬。

雖然當時在場的還有其他人，但因為韋提希和阿難在此次講經法會中是主要角色，所以世尊主要對他們兩

人宣說。尤其是因為阿難尊者未來要弘揚、結集這部經，所以世尊特意向阿難強調——「阿難當知」，而並沒有向韋提希強調。也許是因為韋提希的家庭處於非常糟糕的狀態，一方面她為頻婆娑羅王而擔心，另一方面為兒子不聽話而痛苦，心情比較煩亂吧。

此處說阿彌陀佛身高「六十萬億那由他恆河沙由旬」。按智者大師的說法，「恆河沙」是不需要的，這是抄經人誤寫上去的。我覺得他說的有一定道理，可能沒有「恆河沙」好一點。知禮法師在《妙宗鈔》中說，無量壽佛身高六十萬億那由他由旬，而兩位菩薩身高八十萬億那由他由旬（後文有宣說），他認為「八十」應為「十八」，否則，如果菩薩比佛還高，這是不合理的。但我覺得：如果佛身高六十萬億那由他由旬，而菩薩身高十八萬億那由他由旬，佛和菩薩的身高懸殊也太大了。所以，我認為無量壽佛的身高也許是百六十萬那由他由旬，「百」字可能是抄寫時漏掉了。在這個問題上，請大家好好思考。

對於阿彌陀佛的身高，世間人會覺得不可思議，但這就是事實，人們應該接受這些道理。據記載，慧遠大師圓寂前七天，他見到阿彌陀佛身滿虛空，佛的圓光中有無量化佛，觀音菩薩和大勢至菩薩侍立於左右，又見到八功德水分為十四支，演說苦空無常無我之音。（本來，《觀經》是慧遠大師圓寂後翻譯出來的，可是大師圓寂前見到

的景象卻與《觀經》所說完全相符。這個緣起非常奇妙，《觀經》之所以在漢地受到廣泛重視，與慧遠大師的感應應該是有關的。）

在密宗的生圓次第中，也有佛陀身相遍於虛空的說法。所以，《觀經》中所說的阿彌陀佛身量並不過分，只不過按世間人的身量衡量時，很多人不一定能馬上接受。

需要提醒諸位的是：在各個經典和續部當中，對於諸佛菩薩經常有不同的描述，對此我們應該平等接受。如果一見到不同的說法就斷然捨棄或者不接受，這就是愚者的行為。對於很多世間的問題，人們尚且仁者見仁智者見智，不會一口咬定是對是錯，對出世間的問題就更應如此了。國慶節期間，很多人來喇榮旅遊，每個人對喇榮的看法不盡相同：有些人覺得喇榮美麗壯觀；有些人的感覺則完全相反；還有些人沒有特別的感覺。如果認為只有一種看法正確，這顯然是不合理的：對有些人來講，喇榮確實是一個美麗壯觀的地方，但是對其他人來講則不一定，因為他沒有「看到」這樣的美景。和這個道理一樣，相應眾生的不同業緣，諸佛菩薩在眾生面前的示現也不同，不同經典中的說法也不同。在這些說法當中，也許你覺得有些「正確」，有些不太「正確」，但實際上各種說法都是有道理的。

第五課

眉間白毫右旋宛轉，如五須彌山。佛眼清淨如

四大海水，青白分明。身諸毛孔演出光明，如須彌山。彼佛圓光如百億三千大千世界，於圓光中有百萬億那由他恆河沙化佛，一一化佛亦有眾多無數化菩薩以為侍者。

阿彌陀佛眉間有白毫，其白毫右旋宛轉，猶如五須彌山般廣大，佛眼如同四大海水一樣清淨，黑白分明，佛身的毛孔中出現光明，猶如須彌山一樣廣大。彼佛的圓光猶如百億三千大千世界般廣大，圓光中有百萬億那由他恆河沙數化佛，每一尊化佛又有眾多化菩薩以為侍者。

《俱舍論》中說，從須彌山到鐵圍山之間有內海和外海，內海的水是八功德水，外海的水充滿了鹹味，但不管內海還是外海，所有的海水都非常清澈，此處便以清澈的海水比喻佛眼。

無量壽佛有八萬四千相，一一相中各有八萬四千隨形好，一一好中復有八萬四千光明，一一光明遍照十方世界念佛眾生，攝取不捨。其光相好及與化佛不可具說。

無量壽佛有八萬四千妙相，每一妙相中各有八萬四千隨形好㉒，每一隨形好又有八萬四千光明，每一光明

㉒妙相和隨形好都是佛身的功德，妙相是就總體而言的，隨形好是就差別而言的。

71

遍照十方世界的念佛眾生，攝取不捨這些眾生。阿彌陀佛的光明、妙相、隨形好以及化佛無法具體宣說。

很多人都學過《阿彌陀經》和《無量壽經》，對佛光的功德應該有所了解。如果我們憶念阿彌陀佛，哪怕產生一絲緣阿彌陀佛的善念，就能感召其光明入於自己身心。佛的光明與佛本身是無二無別的，每一束佛光就是一尊佛，可以說光就是佛、佛就是光，所以被佛光攝受就是被佛攝受。

但當憶想，令心明見，見此事者即見十方一切諸佛，以見諸佛故名念佛三昧。

應當努力憶念觀想，令心明見阿彌陀佛的身相，見到阿彌陀佛就等於見到十方一切諸佛，因為見到一切諸佛，所以叫做念佛三昧。

有些經中說，念佛三昧不是聲聞緣覺的境界，它是大乘的甚深境界。大家要明白的是，雖然對凡夫人來說，要現前念佛三昧並不容易，但只要努力修行，也可以得到類似的境界。

此處說「見此事者即見十方一切諸佛」，有些人可能會想：為什麼見到阿彌陀佛就是見到十方諸佛呢？這是就諸佛同一理體而言的。中觀裡面也說，只要見到一法之空性，就可以見到一切萬法的空性。

作是觀者，名觀一切佛身，以觀佛身故亦見佛心，諸佛心者大慈悲是，以無緣慈攝諸眾生。

　　如果這樣觀想就叫觀一切諸佛身相，以觀佛身的緣故也見到佛心，諸佛的心就是大慈大悲心，諸佛以無緣慈悲攝受一切眾生。

　　所謂「無緣」，就是無有執著。要達到這種境界是需要次第的，最初要依靠有緣地觀佛，最後才可以成就佛的無緣大慈悲。以無緣大慈悲才可以廣泛攝受一切眾生，這就是佛特有的以空性智慧攝持的大慈悲。

　　《觀經》非常深奧，它的觀點跟密宗非常類似，前面的經文中說「是心作佛，是心是佛」，此處又說「以觀佛身故亦見佛心」㉓，這些說法與密宗所說的「自己的心跟上師本尊無二無別」幾乎相同。其實，密宗的很多修法都能在顯宗經論裡找到相應的依據：密宗行人觀想上師瑜伽，目的是為了見到上師的智慧，而《觀經》也說「以觀佛身故亦見佛心」；密宗行人將自己的心與上師的智慧融為一體時，上師在自己面前從來沒有入涅槃，而《法華經》也說在有信心者面前釋迦牟尼佛從來沒有入於涅槃。

　　當然，顯宗和密宗還是有區別的。密宗有許多觀想上師本尊的具體修法——在自己前方擺設唐卡或者佛

佛說觀無量壽佛經講記　附　大勢至菩薩念佛圓通章講記

㉓個別顯宗經典中才有類似說法，如《觀佛三昧海經》中云：「見佛色身，了了分明，亦見佛心，一切境界。」

像，首先睜開眼反覆看，然後閉目觀想；而顯宗當中這種觀想方法很少。此外，密宗要求將自己直接觀為上師或本尊，而顯宗幾乎沒有這種修法，即使有也不明顯。

大家應當知道，既然阿彌陀佛的智慧與我們的心本來是無二無別的，那麼觀想阿彌陀佛的身相就是讓自己的心與佛的智慧融為一體的方便。如果是不信佛教或者沒有觀修體驗的人，很難感受到這種修法的效果。如果是具足信心並且經常觀修的人，就會出現修法的驗相。

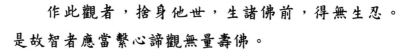

作此觀者，捨身他世，生諸佛前，得無生忍。是故智者應當繫心諦觀無量壽佛。

如果作這種觀想，捨棄今生的身體、前往他世後能轉生到諸佛前並獲得無生法忍，所以智者應當專心觀想無量壽佛。

在世間，有些人覺得賺錢有意義，有些人覺得愛情有意義，有些人覺得地位有意義，有些人覺得吃得好有意義……但我的觀點與他們不同，我覺得這些都無有實義，真正有意義的就是遇到並且修持佛法，尤其是修持能一生解脫的淨土法門。我不是口頭上說說，內心確實是這樣認為的。為什麼呢？因為世間法只能管用幾十年，即便你的地位再高、財產再多，百年後就過期了，甚至最貪執的身體也會腐爛，所以人生就是一場大夢，一切絞盡腦汁、苦苦營求終將成為白費精力。唯有生前

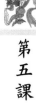

第五課

行持佛法、對來世作一些準備，這種付出才永遠不會過期，才可以在漫長的來世用得上。可惜的是，由於沒有受過佛法的教育，很多人只看到眼前的現世，不知道人死後還有來世，也不為來世作準備，這就是眾生的可悲之處。

觀無量壽佛者，從一相好入，但觀眉間白毫，極令明了，見眉間白毫相者，八萬四千相好自然當現。

如果要觀想無量壽佛，應當從一個妙相入手，只需要觀想佛的眉間白毫令其了了分明，如果見到佛的眉間白毫，其他八萬四千妙相自然可以現前。

這確實是一個簡單易行的辦法：如果有些人不能一一觀想阿彌陀佛的所有妙相，就專心觀想他的眉間白毫相，如果白毫能觀想清楚，其他妙相自然而然就可以見到。大家要掌握這個竅訣。

見無量壽佛者，即見十方無量諸佛，得見無量諸佛故，諸佛現前授記。是為遍觀一切色想，名第九觀。作是觀者，名為正觀，若他觀者，名為邪觀。

見到無量壽佛就是見到十方無量諸佛，以見到無量諸佛的緣故，諸佛會現前為行者授記。這就是遍觀一切色想，這叫做第九觀。這樣觀想叫做正觀，如果以其他

方式觀想則叫做邪觀。

　　為什麼世尊在每一觀後都叮囑：「作是觀者名為正觀，若他觀者名為邪觀」？就是為了防止後人胡亂觀想。現在很多人都有這種毛病，本來佛經和儀軌中是這樣講的，可是他們偏不這樣觀想，非要以分別念增加許多內容：在這裡觀想一個東西，那裡又觀想一個東西，在心間又觀想一個東西……這就是世尊呵斥的邪觀。這種做法特別可怕，不僅沒有任何功德，而且會將很多人引入邪道。以後大家一定要注意：佛經和高僧大德的儀軌是怎樣講的，自己就怎樣去觀想，如果沒有可靠的依據，不要隨便去觀想其他的內容。比如大家在學習《大圓滿前行》，如果要觀想蓮花生大士，那華智仁波切的金剛語是怎樣說的，你就照著去觀想，千萬不要該觀的不觀、不該觀的卻添枝加葉。

　　對於欲求往生極樂世界的人來說，按照上述要求觀想阿彌陀佛的身相非常重要。大家要經常依之觀想，而且要觀想得了了分明。如果沒有做到這一點，就缺少了往生四因中的第一條，所以希望大家努力觀修。

十、觀音觀

　　佛告阿難及韋提希：見無量壽佛了了分明已，次亦應觀觀世音菩薩。此菩薩身長八十萬億那由他恆

河沙由旬，身紫金色，頂有肉髻，項有圓光，面各百千由旬。

佛告訴阿難和韋提希：見到無量壽佛了了分明後，接下來也應當觀想觀世音菩薩。此菩薩身長八十萬億那由他由旬[24]，身色為紫金色，頭頂有肉髻，頸項有圓光，圓光的每一個方面都有百千由旬。

剛才經中說無量壽佛高六十萬億那由他由旬，這裡說觀世音菩薩身高八十萬億那由他由旬，似乎有點矛盾。也許佛的眷屬身量可以高於佛，但一般來講，這種情況是不容易出現的。如果按照知禮法師所說的那樣，觀世音菩薩身高為十八萬億那由他由旬，這與佛的身高差別又太懸殊了。所以，可能按我的理解比較好，無量壽佛身高應為一百六十萬億那由他由旬，觀世音菩薩身高應為八十萬億那由他由旬。在這個問題上，希望你們課後分析一下，可以查一查可靠的資料。

其圓光中有五百化佛，如釋迦牟尼，一一化佛有五百菩薩無量諸天以為侍者。舉身光中五道眾生一切色相皆於中現。頂上毗楞伽摩尼寶以為天冠，其天冠中有一立化佛，高二十五由旬。

觀世音菩薩的圓光中有五百化佛，化佛的相好莊嚴如同釋迦牟尼佛，每一尊化佛有五百位菩薩以及無量諸

[24]「恆河沙」應為後人誤加，理由同前。

佛說觀無量壽佛經講記　附　大勢至菩薩念佛圓通章講記

天人以為侍者。觀世音菩薩全身發出無量光明，五道眾生的色相都在光明中顯現㉕。觀世音菩薩頭頂有毗楞伽摩尼寶做的天冠，天冠中有一尊站立的化佛，化佛高二十五由旬。

漢地的觀世音菩薩像頭頂都有一尊佛，這種造型便是源於此。藏地也有這種情況，藏王松贊干布是觀世音菩薩的化身，他一生下來頭頂就長有肉髻，肉髻頂部有肉質的阿彌陀佛頭像。

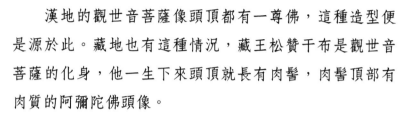

觀世音菩薩面如閻浮檀金色，眉間毫相備七寶色，流出八萬四千種光明，一一光明有無量無數百千化佛，一一化佛無數化菩薩以為侍者，變現自在，滿十方世界。

觀世音菩薩面如閻浮檀金色，他的眉間毫相具足七寶之色，從毫相中流出八萬四千種光明，每一光明中有無量無數的化佛，每一化佛有無數化菩薩以為侍者，這些化佛化菩薩變現自在，遍滿十方世界。

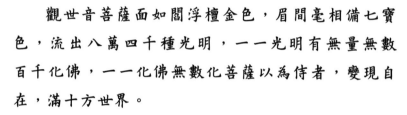

臂如紅蓮花色，有八十億微妙光明以為瓔珞，其瓔珞中普現一切諸莊嚴事。

觀世音菩薩的手臂猶如紅蓮花色，手臂上有八十億

㉕有些大德解釋說，由於觀世音菩薩的發心特別廣大，經常到各個世界度化眾生，所以他的身光恆時攝取輪迴眾生。

具足微妙光明的瓔珞，在瓔珞中普現一切莊嚴之事。

　　觀世音菩薩手臂上的瓔珞就像電視機一樣，能顯現各種莊嚴之事，這確實非常稀奇。不過有些人佛法的習氣比較弱，聽到這些佛法的莊嚴之事可能不感興趣；如果是看世間的電視連續劇，那他們就特別沉迷了，飯不吃，眼不眨，一直死死地看。

　　手掌作五百億雜蓮華色，手十指端一一指端有八萬四千畫，猶如印文，一一畫有八萬四千色，一一色有八萬四千光，其光柔軟，普照一切，以此寶手接引眾生。

　　觀世音菩薩的手掌有五百億雜蓮花色，每個手指端有八萬四千紋，這些紋就像印文一樣美麗，每一紋有八萬四千色，每一色有八萬四千光，這些光明非常柔軟，普照十方一切世界，觀世音菩薩以此寶手來接引眾生。

　　現在很多年輕人喜歡在指甲上塗各種顏色，也許他們想學觀世音菩薩吧。不過有些人學得不成功，十個指甲塗得血淋淋的，看起來很恐怖。

　　舉足時足下有千輻輪相，自然化成五百億光明臺，下足時有金剛摩尼花布散一切，莫不彌滿。其餘身相眾好具足，如佛無異，唯頂上肉髻及無見頂相不及世尊。是為觀觀世音菩薩真實色身想，名第十觀。

觀世音菩薩足下有千輻輪相，抬腳時自然化出五百億光明臺，落腳時有金剛摩尼寶所成的妙花散布一切世間，沒有不彌滿之處。觀世音菩薩圓滿具足妙相隨好，其餘各種相好跟阿彌陀佛沒有任何差別，只有頂上的肉髻以及無見頂相不及世尊。這是觀觀世音菩薩真實色身想，名叫第十觀。

觀世音菩薩雖然還是菩薩，但他在相好莊嚴方面跟阿彌陀佛基本相同。其實不僅觀世音菩薩這樣的大菩薩，轉輪王也有接近佛的妙相。

佛告阿難：若欲觀觀世音菩薩者當作是觀，作是觀者，不遇諸禍，淨除業障，除無數劫生死之罪。如此菩薩但聞其名獲無量福，何況諦觀。

佛告訴阿難：如果有人要觀想觀世音菩薩就應當這樣觀想，作這種觀想的人不會遇到禍事，可以淨除無始以來的業障，滅除無數劫的生死之罪。僅僅聽到這位菩薩的名號就能獲得無量福德，更何況專心觀想呢？

《妙法蓮華經》中說，如果有人受持六十二億恆河沙菩薩名字，並且盡形壽供養飲食衣服臥具醫藥，另外有人受持觀世音菩薩名號，乃至在短暫的時間禮拜供養，這兩個人所獲的福德無有差別。在《悲華經》等大乘經典中，也宣講了觀世音菩薩的很多功德。所以大家今後要多念誦觀世音菩薩的聖號和心咒，也要多觀想他

的身相，這樣功德非常大。在我們藏地，念誦觀音菩薩心咒的人非常多，希望漢地佛友今後也這樣行持。

　　若有欲觀觀世音菩薩者，當先觀頂上肉髻，次觀天冠，其餘眾相亦次第觀之，悉令明了，如觀掌中。作是觀者，名為正觀，若他觀者，名為邪觀。

　　如果有人要觀想觀世音菩薩，首先應當觀想菩薩頂上的肉髻，其次觀想天冠，其餘眾相也要次第觀想，都要令其了了分明，如同觀看手掌中的東西一樣清晰。這樣觀想叫做正觀，如果以其他方式觀想則叫做邪觀。

　　此處的觀想方法跟前面不同：觀想阿彌陀佛時，只要從眉間白毫相下手，這一點觀成功後，其他妙相自然都會現前；而觀世音菩薩要從頂髻開始，一一觀想各個妙相。

十一、勢至觀

　　佛告阿難及韋提希：次觀大勢至菩薩，此菩薩身量大小亦如觀世音，圓光面各百二十五由旬，照二百五十由旬，舉身光明照十方國作紫金色，有緣眾生皆悉得見，但見此菩薩一毛孔光，即見十方無量諸佛淨妙光明，是故號此菩薩名無邊光。以智慧光普照一切，令離三途，得無上力，是故號此菩薩

名大勢至。

佛告訴阿難和韋提希：接著要觀想大勢至菩薩，這位菩薩身量大小跟觀世音菩薩一樣，他的圓光每個方面各有一百二十五由旬，能向外照射二百五十由旬，此菩薩全身放出光明將十方國土照耀成紫金色，有緣的眾生都能見到他的光明，只要見到此菩薩一毛孔的光明，就能見到十方無量諸佛的清淨微妙光明，所以此菩薩名叫無邊光。又因為此菩薩能以智慧光普照一切眾生，令其遠離三惡道，獲得無上的力量，所以這位菩薩名叫大勢至。

大勢至菩薩的智慧光能強制性地讓眾生脫離惡趣，最終獲得聖者的果位。這種威力很不可思議，一般的菩薩沒有這種威力。所以大家應該經常祈禱他。

在釋迦牟尼佛身邊，目犍連是神通第一，舍利子是智慧第一。在阿彌陀佛身邊，大勢至菩薩是智慧第一，觀世音菩薩是悲心第一。作為一個上師，身邊也需要具足特點的弟子。當然，弟子最好既有智慧又有悲心。如果一個人只有智慧而沒有悲心，所作所為對眾生不一定有利；如果一個人只有悲心而沒有智慧，也無法利益眾生。智慧和悲心是最有價值的財富，如果一個人有了這兩種功德，即便身無分文，也是富裕者；如果沒有這兩種功德，即便萬貫纏身，也是貧窮者。

此菩薩天冠有五百寶華，一一寶華有五百寶臺，一一臺中十方諸佛淨妙國土廣長之相皆於中現。頂上肉髻如缽頭摩花，於肉髻上有一寶瓶，盛諸光明普現佛事，餘諸身相如觀世音等無有異。

這位菩薩的天冠中有五百朵珍寶花，每一寶花中有五百寶臺，十方諸佛的清淨微妙國土之廣大莊嚴相都在寶臺中映現。這位菩薩頂上的肉髻猶如缽頭摩花，肉髻上有一個寶瓶，寶瓶中盛滿光明，這些光明能普現一切佛事，他的其餘身相和觀世音菩薩沒有差別。

此菩薩行時，十方世界一切震動，當地動處有五百億寶花，一一寶花莊嚴高顯，如極樂世界。

這位菩薩行走時，十方世界都隨之震動，在地動處有五百億寶花出現，每一寶花都莊嚴高大顯明，這些地方都變得猶如極樂世界一樣。

極樂世界到處都清淨莊嚴，沒有一處骯髒不堪的地方；以大勢至菩薩的威力，不管走到哪裡，當地都會變得像極樂世界一樣美好。

此菩薩坐時，七寶國土一時動搖，從下方金光佛剎乃至上方光明王佛剎，於其中間無量塵數分身無量壽佛分身觀世音大勢至皆悉雲集極樂國土，側塞

空中，坐蓮華座，演說妙法，度苦眾生。

　　這位菩薩坐下時，七寶國土（極樂世界）一時之間都會震動，從下方的金光佛剎到上方的光明王佛剎，這中間的無量微塵數分身無量壽佛、觀世音、大勢至菩薩都雲集極樂世界，充滿整個虛空，他們都坐在蓮花座上演說妙法，度化苦惱眾生。

　　有些人就像大勢至菩薩一樣，坐下來時力量特別大，旁邊所有的人都被震動。一般來講，老年人身體沒有力氣，所以有些老人坐的時候像一百斤的大口袋掉在地上一樣。不過我身邊有個別年輕道友也是如此，每次坐下來都是「」的一聲，連我的法座都在震動。

　　這裡說「演說妙法度苦眾生」，善導大師對這句話解釋得特別辛苦，他在《觀經疏》中說：「問曰：彌陀經云：『彼國眾生，無有眾苦，但受諸樂，故名極樂。』何故此經分身說法，乃云度苦者，有何意也？答曰：今言苦樂者有二種，一者三界中苦樂，二者淨土中苦樂。言三界苦樂者，苦則三塗八苦等，樂則人天五欲放逸繫縛等樂。雖言是樂，然是大苦，畢竟無有一念真實樂也。言淨土苦樂者，則地前望地上為苦，地上望地前為樂，下智證望上智證為苦，上智證望下智證為樂。此例舉一可知也。今言度苦眾生者，但為進下位令昇上位，轉下證令得上證，稱本所求，即名為樂，故言度苦也。若不然者，淨土之中一切聖人皆以無漏為體，大悲

第
五
課

為用，畢竟常住，離於分段之生滅，更就何義名為苦也。」但我覺得不必解釋得這麼辛苦。所謂演說妙法，本來就是為了度化苦難眾生，不一定因為在極樂世界宣說妙法，所以就非要度化極樂世界的苦難眾生，其他剎土的苦難眾生都可以通過演說妙法來度化。我剛才翻了一下他的注疏，其他部分解釋得都比較簡單，可是到了這句經文，可能是擔心別人產生懷疑，所以他老人家解釋得特別廣。

作此觀者，名為觀見大勢至菩薩，是為觀大勢至色身相，觀此菩薩者，名第十一觀，除無數劫阿僧祇生死之罪，作是觀者不處胞胎，常遊諸佛淨妙國土。此觀成已名為具足觀觀世音大勢至。作是觀者，名為正觀，若他觀者，名為邪觀。

這樣觀想叫做觀見大勢至菩薩，這就是觀大勢至色身相，觀此菩薩名為第十一觀，能夠滅除無數阿僧祇劫生死之罪，作這種觀修的人不會轉生到胞胎，經常遊歷諸佛的清淨微妙國土。這種觀想成功後稱為具足觀觀世音菩薩大勢至菩薩。這樣觀想叫做正觀，如果以其他方式觀想則叫做邪觀。

第六課

十二、普想觀

佛告阿難及韋提希：見此事時當起想作心，自見生於西方極樂世界，於蓮華中結跏趺坐，作蓮華合想，作蓮華開想。蓮華開時，有五百色光來照身想，眼目開想，見佛菩薩滿虛空中，水鳥樹林及與諸佛所出音聲皆演妙法，與十二部經合。若出定之時，憶持不失。

佛告訴阿難和韋提希：見到此事時應當觀想，見到自己轉生到西方極樂世界，在蓮花中結跏趺坐。先觀想蓮花合閉，然後觀想蓮花逐漸開放。蓮花開放後，觀想有五百色光照射自身，觀想自己睜開雙目，見到諸佛菩薩遍滿虛空，水鳥樹林以及諸佛發出的聲音都演說妙法，這些法音與十二部經符合。出定時依然憶持不捨這些境界。

傳講佛法要符合經典。現在有些人表面上打著傳法的廣告，可是他們的語言跟經典並不相合，說話懷有其他目的，所說的內容也是自讚毀他。這不叫弘揚佛法，弘揚佛法是有標準的，應該本著利益眾生或者讓眾生得到解脫的宗旨，而且所說的內容要符合經典。

此處講到，觀想自己轉生到極樂世界，在蓮花中結跏趺坐。這種觀想方法在顯宗比較少，這非常類似密宗

的觀想方法。當然，密宗分為事部、行部、瑜伽部、無上瑜伽部，按照無上瑜伽部的要求，修淨土法時要把自己觀想為阿彌陀佛，並且觀想自己的心和阿彌陀佛的智慧無二無別。而此處沒有要求觀想自己是阿彌陀佛，只是觀想自己轉生到極樂世界。

見此事已，名見無量壽佛極樂世界。是為普觀想，名第十二觀。無量壽佛化身無數，與觀世音及大勢至常來至此行人之所。作是觀者，名為正觀，若他觀者，名為邪觀。

見到此事就叫做見無量壽佛極樂世界。這就是普觀想，名叫第十二觀。如果修持此觀，無量壽佛化出無數化身，與觀世音菩薩和大勢至菩薩經常來到這個行者所在之處。這樣觀想叫做正觀，如果以其他方式觀想則叫做邪觀。

剛開始我們見不到阿彌陀佛和極樂世界，但通過長期的觀想，入定時心就能「見」到這些景象，如果再繼續努力，出定時也能了了分明地見到。這就是觀想的力量。其實，佛教所說的「見」，不一定都是用眼睛，更多的時候是指心「見」。比如《心經》中說：「照見五蘊皆空」，這不是用眼睛見，而是用心見，因為五蘊並不都是眼睛的對境。再比如「見諦」，這是指徹見萬法的本性，這也不是用眼睛見。否則，有些盲人什麼都看

不見，還有些老人眼睛不太好，走路時連路上的行人都看不清楚，一會兒撞這個，一會兒撞那個，但他們也可以照見五蘊皆空，可以現見阿彌陀佛和極樂世界。

《極樂願文》中說：「佛於晝夜六時中，慈眸恆視諸有情，諸眾心中所生起，任何分別皆明知，諸眾口中所言語，永無混雜一一聞。」因此，只要我們觀想阿彌陀佛，阿彌陀佛立即就會知道我們的心念，他會以化身來到自己面前給予加持、賜予悉地。同樣，只要我們能觀想，觀世音菩薩和大勢至菩薩也會以化身來到自己面前給予加持、賜予悉地。

十三、雜想觀

佛告阿難及韋提希：若欲至心生西方者，先當觀於一丈六像在池水上，如先所說無量壽佛身量無邊，非是凡夫心力所及。然彼如來宿願力故，有憶想者必得成就。

佛告訴阿難和韋提希：如果有人發至誠懇切的心想往生西方極樂世界，首先應當觀想一尊一丈六高的無量壽佛像在水池上。前面所說無量壽佛身量無邊，這不是凡夫心力之所能及。但是彼如來有宿世願力，凡是憶想他的人必定會得到成就。

前面所講的阿彌陀佛、觀世音菩薩和大勢至菩薩都是身高無量由旬，遍於整個虛空，凡夫人觀想起來比較

困難，所以世尊在此處講了一種比較簡單的觀想方法。

　　為什麼只需要觀想一丈六高的佛像就能成就呢？因為阿彌陀佛往昔發過大願——只要憶念我的眾生都能往生我的國土，因此，當佛的願力和自己的信心力具足時，即使用簡單的方法觀想，也會獲得成就。

但想佛像，得無量福，況復觀佛具足身相。

　　僅僅觀想佛像，也能獲得無量福德，更何況觀想圓滿具足一切支分和妙相的佛身相。

　　這個道理非常重要。如果我們緣財富、地位、名聲等世間法生起分別念，除了會造下流轉輪迴的惡業以外，不會有任何功德；而緣阿彌陀佛作意則不同，僅僅觀想他的像都有無量功德，更何況觀想圓滿的阿彌陀佛了，這個功德更是不可思議。所以，希望大家善用自心。

阿彌陀佛神通如意，於十方國變現自在，或現大身滿虛空中，或現小身丈六八尺，所現之形皆真金色，圓光化佛及寶蓮華如上所說。

　　阿彌陀佛具足神通自在，他能在十方國土自在變現各種形象，或者現遍滿虛空的大身（在很多大德的淨現中，阿彌陀佛都顯現過遍滿虛空的身體），或者現一丈六乃至八尺的小身，所現之身都是真金色，其圓光、化佛以及寶蓮

花和前面所說的一樣。

在做雜想觀時，佛身大小應該按此處的要求進行觀想，如果觀想這麼小的佛像依然有困難，也可以觀想更小的佛像，甚至可以觀想掛件那麼大的佛像。當然，如果要塑阿彌陀佛像，還是要按此處的要求，塑造高一丈六的阿彌陀佛像。

觀世音菩薩及大勢至於一切處身同眾生，但觀首相知是觀世音知是大勢至，此二菩薩助阿彌陀佛普化一切。是為雜想觀，名第十三觀。作是觀者，名為正觀，若他觀者，名為邪觀。

觀世音菩薩以及大勢至菩薩身體的其他一切處都等同一般人，只有看頭相才知道是觀世音還是大勢至（觀世音菩薩頭上有立佛，大勢至菩薩頭上有寶瓶）㉖，這兩位菩薩協助阿彌陀佛度化一切眾生。這就是雜想觀，叫做第十三觀。這樣觀想叫做正觀，如果以其他方式觀想則叫做邪觀。

前面的佛觀、觀音觀、勢至觀是比較複雜的觀想方法，三位聖尊的身體無量無邊，凡夫人不容易觀起來，此處則是比較容易的觀想方法，三位聖尊的身體相當於人中高大者，所以我們這樣的初學者也可以觀得起來。

㉖《極樂願文》中說，觀世音菩薩身體是白色，左手持白蓮花，右手結施依印，大勢至菩薩身體是藍色，左手持金剛和蓮花，右手結施依印。

以上講完了十六觀中的前十三觀，下面開始講最後三觀，這就是人們經常說的九品往生㉗。其中上品上生、上品中生、上品下生包括在第十四觀，中品上生、中品中生、中品下生包括在第十五觀，下品上生、下品中生、下品下生包括在第十六觀。

按照善導大師的觀點，這九類往生者往生以前並不是大菩薩，都是釋迦佛去世後的五濁凡夫，因為遇緣有異而導致了九品差別：其中上三品人是遇大凡夫，中三品人是遇小凡夫，下三品人是遇惡凡夫。

九品往生之說在漢傳佛教界比較流行，在往生西方極樂世界的繪畫中，經常能看到不同品位者的往生圖。雖然漢地和藏地都有淨土法門，但由於《觀經》沒有被翻譯成藏文，所以藏地沒有九品往生的說法，正是由於藏地和漢地的佛教徒接觸的資料有所不同，所以觀想方法也有所不同，但這些並不構成矛盾。其實，在藏傳佛教內部，格魯派和寧瑪派的阿彌陀佛儀軌也有差異。這些不同的修法可以說是殊途同歸，不管修哪個教派的儀軌，都能往生西方極樂世界。

十四、上輩觀
十四之一、上品上生

㉗所謂的「品」，就是品位、級別，有時候也可解釋為不同的根機。《現觀莊嚴論》也講過九品，那裡的九品是不同的修道境界。

佛告阿難及韋提希：凡生西方有九品人，上品上生者，若有眾生願生彼國者，發三種心即便往生。何等為三。一者至誠心，二者深心，三者迴向發願心。具三心者必生彼國。

佛告訴阿難和韋提希：凡是往生極樂世界的有九品人，上品上生者是這樣的，如果有眾生願意往生極樂世界，只要發三種心就能往生。哪三種心呢？一是至誠心，二是深心，三是迴向發願心。具足此三心者必定能往生彼國。

所謂「至誠心」，「至」是專心致志，「誠」是誠懇，合起來就是對於往生極樂世界，不是口頭上說說或者表面上的行為，而是發自內心的心願。所謂「深心」，是指深信不疑，即深信依靠阿彌陀佛的願力和自己的信心力決定能往生極樂世界。智者大師引用《涅槃經》「根深難拔，故言深心」的教證解釋說，這種深心是一種特別難以改變的心念。所謂「迴向發願心」，是將善根迴向發願往生極樂世界，而且不僅為自己迴向，還要為一切眾生而迴向，如元照律師解釋說：「所修功德普施眾生，至佛無盡。」

大家要知道：對於往生極樂世界來說，發菩提心是不可缺少的。現在有些人說，因為《觀經》講上品上生時沒有提到菩提心，所以往生極樂世界不需要發菩提心。這種說法是錯誤的。雖然此處沒有明說菩提心，但

第六課

實際上在三種心當中已經包含了菩提心。

　　蕅益大師說：「往生與否，全憑信願之有無。」意思是，能不能往生極樂世界，完全看有沒有信心和發願。在信心和發願中，其實也包含了菩提心。對真正的大乘行者來說，不可能以自私自利心將善根只迴向自己往生淨土，而不願意讓其他人分享自己的善根。

　　雖然麥彭仁波切在《淨土教言》中曾說：「往生極樂世界有四種因——觀想阿彌陀佛、積累無量善根、發菩提心、一切善根為往生極樂世界而迴向並發願，其中，往生的主因是憶念阿彌陀佛和渴求往生極樂世界，而積累善根與標誌著大乘種性的發無上菩提心是輔因。」但他的意思並非往生極樂世界根本不需要發菩提心。此外，雖然有些大德說聲聞可以往生極樂世界，但這是對大乘佛法有信心的聲聞，他們已經能夠發起菩提心，並不是根本不發菩提心的自相聲聞。

　　以上從發心角度講了上品上生的三種條件，下面從行持角度講上品上生的三種條件。

　　復有三種眾生當得往生。何等為三。一者慈心不殺，具諸戒行。二者讀誦大乘方等經典。三者修行六念，迴向發願，願生彼國。具此功德，一日乃至七日，即得往生。

　　又有三種眾生能夠往生極樂世界。哪三種人呢？第

一種人慈心不殺，具足諸戒；第二種人讀誦大乘方等經典；第三種人修行六念，迴向發願願生彼國。如果具足這些功德，一日乃至七日，就能往生極樂世界。

大家要掌握這三個條件：

1.慈心不殺，具諸戒行。

戒律分為別解脫戒、菩薩戒和密乘戒，此處只是說「具諸戒行」，沒有明說受持哪種戒。眾生的根機不盡相同，有些人不需要受持所有的戒律[28]，而有些人則要受持所有的戒律，從近圓戒[29]到密乘戒都要圓滿具足。大家可以根據自己的情況受持相應的戒律。

2.讀誦大乘方等經典。

此處的方等經典是大乘經典的統稱。其實這個要求已經間接說明了發菩提心，因為如果一個人經常讀誦大乘經典，那麼這個人肯定能發起菩提心。

在漢傳佛教歷史上，永明延壽大師是讀誦大乘經典的典範。為了決定自己終生的修持方向，大師做了兩個鬮，一是「一心禪定」，二是「萬行莊嚴淨土」，他在佛前虔誠祈禱後拈鬮，連續七次都拈得淨土鬮。從此以後大師專心修持淨土，每天念佛十萬，而且精勤持誦大乘經典，一生中持誦《法華經》一萬三千部，並造有《宗鏡錄》、《萬善同歸集》等大論。大師於七十二歲

第六課

---

[28]從歷史上看，有些大成就者只受過居士戒。
[29]即具足戒，為比丘、比丘尼所受之戒，也是別解脫戒中條目最多、要求最嚴格的戒。

圓寂，圓寂後上品上生西方極樂世界。㉚

　　3.修行六念。

　　六念是內心憶念六種法：一、念佛；二、念法；三、念僧；四、念戒；五、念施；六、念天㉛。有些人不要搞錯了，六念不是念饅頭、念稀飯、念泡菜……

　　從這段經文的說法來看，往生極樂世界的標準並不高——如果是根機好的人，一日精進行持便能往生；如果是根機一般的人，七日精進行持便能往生。我們學院開極樂法會是八天，大家在八天當中斷惡行善，共修阿彌陀佛名號或者心咒，念誦《普賢行願品》等大乘經典，這就是往生極樂世界的殊勝方便。

　　生彼國時，此人精進勇猛故，阿彌陀如來與觀世音大勢至無數化佛百千比丘聲聞大眾無量諸天七寶宮殿，觀世音菩薩執金剛臺與大勢至菩薩至行者前，阿彌陀佛放大光明照行者身，與諸菩薩授手迎接。

　　往生極樂世界時，由於此人精進勇猛之故，阿彌陀佛與觀世音菩薩、大勢至菩薩以及無數化佛、化菩薩、

㉚一般來講，往生者到底是什麼品位，這是不容易辨別的。永明延壽大師是公認的上品上生者。據記載：大師圓寂後，有一僧人經年繞其塔。人問其故。僧曰：「我病入冥，見殿左供一僧像，閻王勤致禮拜，因問其人為誰。閻王曰：『此杭州永明壽禪師也，已往生西方上上品矣，吾重其德，故禮敬耳。』」
㉛此天非三界之天，而是所謂的第一義天，即涅槃無為的境界，以清淨故名為天。

百千比丘聲聞大眾、天人以及七寶宮殿都現於其人面前，觀世音菩薩手執金剛臺與大勢至菩薩來到行者面前，阿彌陀佛放大光明照射行者身體，又和諸菩薩伸手迎接他。

心的力量是不可思議的，如果我們的心特別專注於淨土法門，對娑婆世界有強烈的厭離心，認識到唯有往生極樂世界才能獲得解脫，每天早上起來、晚上睡覺前都想著往生極樂世界，臨終時一定會出現此處所說的聖眾接引淨相。

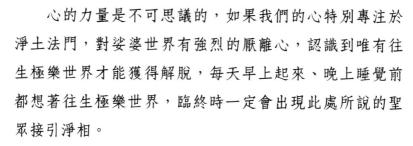

觀世音大勢至與無數菩薩讚歎行者勸進其心，行者見已歡喜踴躍，自見其身乘金剛臺，隨從佛後如彈指頃往生彼國。

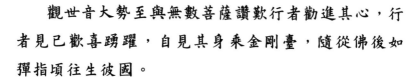

觀世音菩薩、大勢至菩薩與無數菩薩讚歎此行者，行者見到聖眾後身心歡喜踴躍，又見到自己身在金剛臺上，跟在阿彌陀佛身後如彈指頃就往生到極樂世界。

臨終之際，極樂世界的佛菩薩們會讚歎往生者：你的精進如何，你的信心如何，你的修量如何……其實，讚歎是非常有必要的：對凡夫人來說，讚歎可以讓他們歡喜踴躍；對諸佛菩薩來說，讚歎可以讓其他眾生生起信心。為什麼十方諸佛經常讚歎阿彌陀佛呢？就是因為無論誰聽到他的名號進而生起信心，都有極大功德。既然讚歎如此有必要，我們今後應當學會讚歎別人。不過

一般來講，要讚歎別人不是一件容易的事，嫉妒心或者瞋恨心強的人往往不願意讚歎別人，尤其心胸狹隘的人更不願意讚歎別人。所以，要想讚歎別人，自己首先要有開闊的胸懷。

在一切物質中，光的運行速度是最快的，達到每秒鐘三十萬公里，可是心的運行速度遠遠超過光，此處說得很清楚：只要有往生極樂世界的意樂，一彈指間就能往生到十萬億佛剎之外的極樂世界。所以只要具足了信心，往生極樂世界是非常快的。

生彼國已，見佛色身眾相具足，見諸菩薩色相具足，光明寶林演說妙法，聞已即悟無生法忍，經須臾間歷事諸佛，遍十方界於諸佛前次第受記，還至本國，得無量百千陀羅尼門，是名上品上生者。

往生彼國以後，見到具足眾妙相的阿彌陀佛色身，也見到具足眾妙相的諸菩薩色身，又聽到光明寶林都在演說妙法，聽到這些法音後當下證悟無生法忍，須臾之間便能承事他方諸佛，周遍十方世界在諸佛前次第獲得授記，之後回到本國，最終獲得無量百千總持門，這就叫做上品上生。

上品上生跟上品中生、上品下生不同，這種往生者到極樂世界後馬上就能見到阿彌陀佛，聽聞佛法後馬上就能獲得無生法忍，很快會成為八地以上的大菩薩，他

們的境界是相當高的。所以我們應該希求上品上生。

眾生的根機有很大差別，在我們學院聽課的人當中：有些鈍根者來學院很久了，可是聽法後一直生不起信心，即使生起一點信心很快又退失了，所聞的佛法很快也忘得一乾二淨；而有些利根者來學院時間很短，可是聽法後很快就獲得大利益。

前輩的很多高僧大德都是利根者，以法王如意寶來說，他老人家在石渠的江瑪佛學院待的時間並不長，前後不過六年而已，可是卻通達了一切顯密法要。跟這些高僧大德相比，我們要想很快通達佛法有困難，因為我們的信心、精進、福報和前世的因緣都遠不如他們，但無論如何我們要向他們學習。

十四之二、上品中生

上品中生者，不必受持讀誦方等經典，善解義趣，於第一義心不驚動，深信因果，不謗大乘，以此功德迴向願求生極樂國。

上品中生者，不必受持讀誦大乘方等經典，但要善解大乘經典的意義，對大乘第一義（即勝義空性之理）心不驚怖動搖，深信因果，不誹謗大乘，以此功德迴向發願往生極樂世界。

第
六
課

行此行者命欲終時，阿彌陀佛與觀世音大勢至無量大眾眷屬圍繞，持紫金臺至行者前，讚言：法子，汝行大乘，解第一義，是故我今來迎接汝。與千化佛一時授手。

如此行持的行者命欲終時，阿彌陀佛和觀世音菩薩、大勢至菩薩被無量眷屬大眾圍繞著，手持紫金臺來到行者面前，讚歎說：法子，你行持大乘佛法，通達第一義諦，所以我如今來迎接你。之後與千化佛同時伸手迎接他。

行者自見坐紫金臺，合掌叉手讚歎諸佛，如一念頃即生彼國七寶池中。此紫金臺如大寶花，經宿即開，行者身作紫磨金色，足下亦有七寶蓮華。佛及菩薩俱放光明照行者身，目即開明。因前宿習，普聞眾聲純說甚深第一義諦。即下金臺禮佛，合掌讚歎世尊。經於七日，應時即於阿耨多羅三藐三菩提得不退轉，應時即能飛行遍至十方歷事諸佛，於諸佛所修諸三昧。經一小劫得無生忍，現前受記。是名上品中生者。

行者見到自己坐在紫金臺上，雙手合掌讚歎諸佛，如一念頃就往生到極樂世界的七寶池中。此紫金臺如同大寶蓮花一樣大，經過一夜就會開放，行者身體成為紫磨金色，足下也有七寶蓮花，阿彌陀佛和菩薩同時放光

照射行者身體，當時他就能睜開雙眼明見諸法。由於從前的宿習，行者聽到各種聲音都在宣說甚深第一義諦。當時他就從紫金臺下來頂禮阿彌陀佛，並且合掌讚歎世尊的功德。經過七天，就能於阿耨多羅三藐三菩提獲得不退轉，就能飛行到十方世界承事無量諸佛，在諸佛面前修持諸三昧。經過一個小劫獲得無生法忍，現前菩提授記。這叫做上品中生者。

由於前世的善緣，上品中生者往生極樂世界後聽到的都是空性等甚深的大乘法，而不是無常苦空無我等小乘法。所以大家現在應該多學一些高深的法，這樣將來的成就會比較高。當然，在學習佛法的過程中，依照次第還是很重要的。如果是學顯宗，首先應該聽基礎的法，然後再聽中觀等深的法；如果是學密宗，首先應該修加行，然後再趣入正行。

由於宿世的不同因緣，有些人聽到中觀或者密法時心裡特別相應，而有些人聽到這些深法後一直感覺不舒服。對後一種人來說，今生一定要努力與甚深的佛法結上善緣，要像薩迦班智達所說的那樣：「即使明早要死亡，亦應學習諸知識，今生雖不成智者，來世如自取儲存」，這樣的話，來世因緣成熟時就會值遇深法，而且聽聞之後馬上就能接受。

十四之三、上品下生

上品下生者，亦信因果，不謗大乘，但發無上道心，以此功德迴向願求生極樂國。彼行者命欲終時，阿彌陀佛及觀世音大勢至與諸菩薩持金蓮華，化作五百佛來迎此人，五百化佛一時授手，讚言：法子，汝今清淨，發無上道心，我來迎汝。

上品下生者，他們也深信因果，不誹謗大乘，只是發無上菩提心，以此功德迴向願求生極樂國。這種行者在命終時，阿彌陀佛和觀世音菩薩、大勢至菩薩以及其他菩薩拿著金蓮花來到其人面前，阿彌陀佛化出五百化佛迎接此人，五百化佛同時伸手迎接此人，並讚歎說：法子，你現在身心清淨，已經發起無上菩提心，所以我來迎接你。

大家要搞清楚不同品位者的待遇：這裡的上品下生是阿彌陀佛和五百化佛來迎接，剛才的上品中生是阿彌陀佛和千化佛來迎接，再往前的上品上生是阿彌陀佛和無數化佛來迎接。大家不僅要清楚這些待遇的區別，也要明白這些不同的待遇各自需要什麼因。

見此事時，即自見身坐金蓮華，坐已華合，隨世尊後即得往生七寶池中。一日一夜蓮花乃開，七日之中乃得見佛，雖見佛身於眾相好心不明了，於三七日後乃了了見。聞眾音聲皆演妙法。遊歷十方

佛說觀無量壽佛經講記 附 大勢至菩薩念佛圓通章講記

供養諸佛，於諸佛前聞甚深法，經三小劫得百法明門，住歡喜地，是名上品下生者。

見到這些事情以後，行者就見到自己坐在金蓮花中，坐上以後蓮花便閉合，之後跟隨在世尊身後往生到極樂世界的七寶池中。往生後一日一夜後蓮花才開放，在七天之中才能見到阿彌陀佛，雖然見到佛身，但對佛的相好莊嚴心不明了，經過二十一天後才見得清清楚楚。聽到的一切聲音都演說妙法。雲遊十方世界供養一切諸佛，經過三個小劫獲得百法明門㉜，安住於歡喜地，這叫做上品下生者。

上品下生者往生極樂世界後，不能馬上見到阿彌陀佛。現在有些人也是如此，雖然他們已經到了殊勝的道場，可是經常見不到上師，自己心裡很苦惱，口中也發出怨言。其實這些人沒必要埋怨，這都是宿世的業緣導致的。由於往昔的不同業力，才導致了今生人和人的差異：有些人不管學法還是修行都特別順利，信心、智慧不斷在增上，即使遇到一些違緣，最終也會轉變成順

㉜百法明門：菩薩於初地所得之智慧門也。明者慧也，門者入也，又差別也。慧能通入百法之真性，故曰明門，又百法之慧各有差別，故曰明門，其百法有二解，一菩薩瓔珞經所說十信之百法，一百法明門論所說五位之百法。十信之百法，菩薩於初住之位，修互具之十信，是名百法明門。五位之百法，心心所等之百法也。瓔珞經上曰：『未上住前，有十順名字。菩薩常行十心，所謂信心念心精進心定慧心戒心迴向心護法捨心願心。佛子修行是心，若經一劫二劫三劫乃得入初住位中，住是位中增修百法明門。所謂十信心，心心各有十，故修行百法明門。』觀經妙宗鈔下曰：『三劫遊歷十方，供佛聞法，進入道種。登於初地，此地即得百法明門，言百法者如百法論所出名數。』洞空之觀經會疏曰：『入初地心，明了五位百法明門。（中略）若依瓔珞，初住所得百法明門，別有名數。』瓔珞經所說之初住，為圓位，即別教之初地也。

緣；而在同樣的環境下，另有些人的收穫卻不同，甚至完全相反。明白這種道理後，大家應該好好行持善法，以便為將來創造良好的緣分。

是名上輩生想，名第十四觀。作是觀者，名為正觀，若他觀者，名為邪觀。

這三類往生叫做上輩生想，名叫第十四觀。這樣觀想叫做正觀，如果以其他方式觀想則叫做邪觀。

第七課

　　《觀經》非常重要，通過這次的學習，希望大家能領會淨土宗的不共意趣。

　　從漢傳佛教的歷史看，《觀經》的弘揚與曇鸞大師密不可分。《續高僧傳》中記載，曇鸞大師早年曾遊歷五台山，在五台山見到了神異之象，由此生起信心而出家。出家後他閱讀《大集經》，因有感於詞義深邃難懂，便發心為此經作注釋。注釋才寫到一半，曇鸞就罹患重病。他覺得生命太脆弱了，自己應該先修長生法，然後再弘揚佛法。於是曇鸞來到江南的茅山，求得了道教的仙經。回到北方後，曇鸞在洛陽遇到菩提流支，他問菩提流支：「佛教中有沒有勝過道教的長生不死法？」菩提流支說：「世間的長生不死只不過能暫時延長壽命，真正的長生不死只有佛教中有。」說完便授給曇鸞《觀經》，並說：「如果能學習此經，則再不需要轉於三界輪迴，能夠住世恆河沙劫。」曇鸞聽後覺得言之有理，便焚毀了仙經，從此一心一意修持淨土法門，將《觀經》作為自己最主要的修法。臨終前，曇鸞見到一位梵僧，梵僧對他說：「我是龍樹菩薩，現在住在極樂世界，由於你與我志同道合，所以特來見你。」曇鸞自知時至，便教誡僧眾精進修行，之後於念佛聲中安然逝去。當時在場者都見到種種瑞相，他的事蹟傳到朝廷

後，皇帝下令為他建塔立碑。正是由於曇鸞大師的努力，《觀經》才在漢地逐漸弘揚開來，所以我們應該感念他的恩德。

目前《觀經》還沒有藏文譯本，我覺得藏地修行人很有必要學習《觀經》，它的內容對藏傳佛教是個很好的補充，所以我也發願在離開人間之前將其譯成藏文。這部經不算太長，如果要翻譯成藏文，可能一個禮拜都不需要。當然，我的事情特別多，最好能以閉關的方式專心翻譯，否則不一定有時間翻譯成功。如果這件事對眾生有利，就請護法神和僧眾們給予加持，如果沒有利益，那放下來也可以。

下面開始講正課，前面已經講了第十四觀，今天開始講第十五觀和第十六觀，這兩觀分別是中品往生和下品往生。一般來說，往生極樂世界需要信願，而從這兩觀的部分內容來看，好像沒有特別強調信願。但大家應該清楚，實際上這裡面以隱含方式講了信願，所以，信願還是很重要的。《華嚴經》云：「一切功德行，皆從願欲生。」意思是，內心的意樂是一切善法的根本。所以，大家要努力培養往生淨土的信願。

十五、中輩觀
十五之一、中品上生

佛說觀無量壽佛經講記　附　大勢至菩薩念佛圓通章講記

佛告阿難及韋提希：中品上生者，若有眾生受持五戒持八戒齋，修行諸戒，不造五逆，無眾過患，以此善根迴向願求生於西方極樂世界。

佛告訴阿難和韋提希：中品上生者，如果有眾生受持五戒或者八關齋戒，修行諸戒㉝，不造五無間罪，沒有染上各種過患，以此善根迴向願求生西方極樂世界。

其實這些條件並不高，不要說諸位出家人，很多在家人也可以做到。所以，除非你不想往生極樂世界，如果真想往生極樂世界，就要努力具足這些條件。

行者臨命終時，阿彌陀佛與諸比丘眷屬圍繞，放金色光至其人所，演說苦空無常無我，讚歎出家得離眾苦。

這個行者臨命終時，阿彌陀佛被比丘眷屬所圍繞，放出金色光明來到此人所在之處，佛宣說苦空無常無我之法，並讚歎出家能夠遠離眾苦。

所謂「讚歎出家得離眾苦」，這是阿彌陀佛針對出家行者說的。《無量壽經》中說，往生極樂世界者有上中下三輩，在發菩提心方面沒有例外，不管是哪輩往生者都需要發菩提心，而在身分上則有所不同，雖然居士和出家人都可以往生，但以出家身分最為殊勝。

行者見已心大歡喜，自見己身坐蓮花臺，長跪合

㉝這是指受持出家戒。

掌為佛作禮，未舉頭頃即得往生極樂世界。蓮華尋開，當華敷時聞眾音聲讚歎四諦，應時即得阿羅漢道，三明六通具八解脫，是名中品上生者。

　　行者見到阿彌陀佛及其眷屬後心生大歡喜，又見到自己坐在蓮花臺上，於是長跪合掌向佛頂禮，還不等舉頭就往生到極樂世界。往生後蓮花馬上開放，當蓮花開時聽到的各種聲音都在讚歎四諦，行者當時便獲得阿羅漢果位，具足三明六通八解脫等功德，這就叫中品上生。

　　所謂的三明，就是宿命明、天眼明、漏盡明。宿命明可以了知自身他身過去世之生死相，天眼明可以了知自身他身未來世之生死相，漏盡明可以了知現在之苦相並斷除一切煩惱。這三種明其實就是六通中的宿命通、天眼通和漏盡通。

　　所謂的六通，就是神足通、天耳通、他心通、宿命通、天眼通、漏盡通。

　　所謂的八解脫，分別為：一、內有色想觀外色解脫。二、內無色想觀外色解脫。三、淨解脫身作證具足住。四、空無邊處解脫。五、識無邊處解脫。六、無所有處解脫。七、非想非非想處解脫。八、滅盡解脫（即滅盡定）。這八種解脫其實是八種禪定，因為依靠它們能從各自的違品中解脫，所以統稱為八解脫。㉞

㉞對八解脫的具體宣說，可參閱《俱舍論》。

十五之二、中品中生

中品中生者，若有眾生若一日一夜持八戒齋，若一日一夜持沙彌戒，若一日一夜持具足戒，威儀無缺，以此功德迴向願求生極樂國。

中品中生者，如果有眾生一日一夜持八關齋戒，或者一日一夜持沙彌戒，或者一日一夜持比丘戒，在此過程中無有違犯，以此功德迴向願求生極樂世界。

通過這次的學習，我本人對淨土法門有了更深刻的認識——原來往生極樂世界比過去認為的還容易，每個人都應該有往生的希望！以此處的中品中生來講，不需要一輩子守持戒律，只要一日一夜持戒，就能往生極樂世界。在歷史上，很多人就是以這種行持往生極樂世界的，所以大家應該對自己充滿信心。

一般來講，剛受戒的人特別注重持戒，不要說一日一夜不犯威儀，甚至好幾年都沒問題。不過，時間一長就不好說了：如果是根機好的人，時間越長越注意持戒，他們會如同保護自己的眼睛一樣守持戒律；而根機不太好的人則不同了，隨著時間的流逝，他們的正知正念慢慢就退失了，戒律也持得不清淨了。不管怎麼樣，希望大家盡量守持淨戒，這就是往生極樂世界的資糧。

戒香熏修，如此行者命欲終時見阿彌陀佛與諸眷屬放金色光持七寶蓮華至行者前，行者自聞空中有

聲讚言：善男子，如汝善人隨順三世諸佛教故，我
來迎汝。

以戒香熏修的功德力，這個行者臨命終時見到阿彌
陀佛及其眷屬放出金色光芒、手持七寶蓮花來到自己面
前，行者聽到空中傳出讚歎聲：善男子，像你這樣的善
人隨順三世諸佛教誡的緣故，所以我來迎接你。

行者自見坐蓮華上，蓮華即合，生於西方極樂世
界，在寶池中經於七日蓮華乃敷，華既敷已開目合
掌讚歎世尊，聞法歡喜得須陀洹，經半劫已成阿羅
漢。是名中品中生者。

行者見到自己坐在蓮花上，蓮花隨即閉合，行者往
生到西方極樂世界，往生以後在寶池中經過七天蓮花才
開放，花開後睜眼見到阿彌陀佛並合掌讚歎世尊，聽聞
世尊宣說佛法後心生歡喜，於是獲得須陀洹果位，再過
半劫獲得阿羅漢果位。這叫做中品中生。

中品中生者到極樂世界後不能馬上見到阿彌陀佛，
要過七天才能見到佛，所以，如果是急性子的人，可能
會等不及。我們這裡也有類似情況：有些人一直見不到
上師，在上師家門口怎麼敲門也不開，好不容易侍者開
了門，卻不讓進去。他們苦苦哀求：「如果不能見上
師，您能不能把這個東西供養他？」侍者態度很不好：
「不行！不行！」最後他們特別生氣：「你怎麼這樣

佛說觀無量壽佛經講記　附　大勢至菩薩念佛圓通章講記

呢？」甚至回去以後還不舒服：「唉，連見都見不到，有什麼嘛？」從此以後再不願意供養讚歎上師。其實，不管誰都是這樣的：如果自己的要求得到滿足，就願意歡喜讚歎；如果沒有得到滿足，就不願意歡喜讚歎。這也是人之常情。

此處說，中品中生者往生到極樂世界後，經過半劫能獲得阿羅漢果位。大家要明白，這種阿羅漢跟小乘阿羅漢是不同的。以前我也講過，極樂世界的阿羅漢實際上是大乘行者，他們具有大乘菩薩的功德。

十五之三、中品下生

中品下生者，若有善男子善女人孝養父母，行世仁慈，此人命欲終時遇善知識為其廣說阿彌陀佛國土樂事，亦說法藏比丘四十八願，聞此事已尋即命終，譬如壯士屈伸臂頃，即生西方極樂世界。

中品下生者，如果有善男子善女人孝養父母，行持世間的善法，此人臨命終時遇到善知識為其廣說極樂國土的快樂之事，又宣說法藏比丘的四十八願，聽到這些事情後即便命終，在壯士伸縮手臂這麼短暫的時間就往生到西方極樂世界。

從這段經文可以看出，只要生前孝養父母，做世間的善事，臨終時有善知識為其宣講極樂世界的功德以及阿彌陀佛因地的大願，命終後就能往生極樂世界。這個

條件確實太容易了，不要說出家人，在家人也可以做到。這對我們確實是一個很大的安慰。末法時代，很多人雖然口口聲聲說要修行，實際上經常忙於各種瑣事，真正能下工夫念佛、參禪、修密法的人並不多，因此，如果能依靠這種方便法輕易獲得解脫，那當然再好不過了。

要提醒諸位的是，雖然此處沒有明顯地提到發菩提心，但我們也不能說絕對不需要發菩提心。為什麼呢？因為有些人雖然沒有為利益一切眾生而發願過，自私自利心也比較強，可是當他們即將往生淨土時，依靠法性力自然而然會產生利益眾生的善心，這種情況是完全可能的。

從這段經文還可看出，善知識的引導對於解脫非常重要。因此，今後如果見到有人要離開人間，不管有沒有人邀請自己，我們都應該主動為其念佛或者講解往生的竅訣。

經七日已遇觀世音及大勢至，聞法歡喜得須陀洹，過一小劫成阿羅漢，是名中品下生者。

經過七天遇到觀世音菩薩和大勢至菩薩，聽聞佛法後生起歡喜心，隨即獲得須陀洹果，再過一小劫成為阿羅漢，這叫做中品下生者。

這次講解《觀經》，我只是從字面上做簡單介紹。

如果要多引用一些公案和教證，這當然也可以，但我覺得如果講得太廣了，就會在一個法上停滯不前，這樣大家可能會比較著急，如果抓緊時間盡快完成這部法，一方面會有一種成就感，另一方面也能儘早趨入下一部法。因此，有必要時我會廣說，一般情況下就從字面上簡單解釋，希望大家能夠理解。

是名中輩生想，名第十五觀。作是觀者，名為正觀，若他觀者，名為邪觀。

這三類往生叫做中輩生想，這叫做第十五觀。這樣觀想叫做正觀，如果以其他方式觀想就叫做邪觀。

十六、下輩觀
十六之一、下品上生

佛告阿難及韋提希：下品上生者，或有眾生作眾惡業，雖不誹謗方等經典，如此愚人多造惡法無有慚愧，命欲終時遇善知識為讚大乘十二部經首題名字，以聞如是諸經名故除卻千劫極重惡業。智者復教合掌叉手稱南無阿彌陀佛，稱佛名故除五十億劫生死之罪。

佛告訴阿難和韋提希：下品上生者，如果有眾生造下眾多惡業，雖然沒有誹謗大乘方等經典，但是這種愚人廣造惡業而且無有慚愧心，他們命終時遇到善知識，

善知識為其讚歎大乘十二部經典的名字㉟，以聽聞這些經名的緣故滅除了千劫的極重惡業。善知識又教此人雙手合十念誦「南無阿彌陀佛」，以稱佛名的緣故滅除五十億劫生死之罪。

下品往生者不是受戒、發菩提心的好人，他們是一輩子殺盜淫妄、無惡不作的壞人，而且他們一點慚愧心都沒有，幹了壞事也不願意懺悔。有些道友的父母就是這種人，子女已經勸他們無數次了，可他們還是如如不動，一直堅持無神論的邪見，甚至越勸越不聽話，最後這些道友實在無能為力了，只好放下來不管了。其實，對這些與自己有緣的眾生，大家還是要不斷地勸化。

一般來說，人死的時候是比較聽話的，很多罪業深重的人一輩子都不願意聽人勸，可是當他們罹患絕症或者即將離開人間時卻很聽話，如果那時讓他們念幾句佛，他們也願意念。有些道友向我請假：「我的父親要去世了，他一輩子不信佛，我可不可以下山給他念幾句佛？」在這種情況下，我一般都會同意：「可以，可以，你快點回去。」有些人回去後勸父母念佛，結果依靠阿彌陀佛的加持力，父母真的往生了。所以人的因緣非常奇妙，本來是罪業深重的惡人，可是依靠短暫的因緣，最後居然獲得了解脫。

㉟十二部經：長行、重頌、諷頌、因緣、本事、本生、未曾有、譬喻、論義、自說、方廣、授記。

佛說觀無量壽佛經講記 附 大勢至菩薩念佛圓通章講記

遇到善知識或者善道友確實是一種難得的因緣，這種因緣對每個人來說都很重要。我在一所大學講學時曾講過：「也許是一種巧合，也許是一種因緣，有時候跟某個人短暫接觸，也能讓自己的命運徹底改變。」《大乘菩薩藏正法經》中說：「人身最極為難得，善友親近亦復難，剎那親近善功成。」（獲得人身非常難，親近善友也非常難，剎那親近善友也能讓善法成功。）《法華經》中也說：「善知識者是大因緣，所謂化導令得見佛，發阿耨多羅三藐三菩提心。」現在很多人就是如此，在乘飛機或者坐火車時，旁邊的人送給他一本書，結果從此走上了學佛之路。所以，善知識的恩德確實非常大，誠如無垢光尊者在《竅訣寶藏論》中所說的那樣：「他人勸告令己遇正法，獲精華義勸者恩德大。」對於引導自己學佛的善友，我們應該懷有感恩之心。

爾時彼佛即遣化佛化觀世音化大勢至至行者前，讚言：善哉，善男子，汝稱佛名故諸罪消滅，我來迎汝。作是語已，行者即見化佛光明遍滿其室。見已歡喜，即便命終。

這時阿彌陀佛派遣化佛、化觀世音菩薩和化大勢至菩薩來到行者面前，讚歎說：善哉，善男子，你因為稱佛名的緣故諸罪消滅，我來迎接你。這樣說以後，行者見到化佛的光明遍滿室內。行者見到佛光後非常歡喜，

隨即在歡喜心中命終。

　　臨終之際，如果能得到諸佛菩薩的加持，內心會非常歡喜，就像某人要離開某地時，如果突然有好朋友出現，心裡非常歡喜一樣。很多中陰竅訣裡面說，這種歡喜的心態對於解脫是非常重要的。

　　乘寶蓮華隨化佛後生寶池中，經七七日蓮華乃敷。當華敷時，大悲觀世音菩薩及大勢至菩薩放大光明，住其人前為說甚深十二部經，聞已信解發無上道心，經十小劫具百法明門，得入初地。是名下品上生者。得聞佛名法名及聞僧名，聞三寶名即得往生。

　　行者命終後乘寶蓮花隨化佛往生到極樂世界的寶池中，經過四十九天蓮花才開放。當花開的時候，大悲觀世音菩薩和大勢至菩薩放大光明，安住在此人面前為其宣說甚深十二部經。此人聽到十二部經後心開意解，發起無上菩提心㊱，經過十小劫具足百法明門，得入初地。這叫做下品上生者。也就是聽聞佛名法名僧名，以聽聞三寶名稱而得以往生。

　　大家可以看到，下品上生的惡人只是沒有誹謗大乘佛法，其他什麼惡業都造了，而且造罪時無有慚愧心，

㊱從字面上看，好像是到了極樂世界才發菩提心，之前沒有發過菩提心。但實際上也不能排除往生時發菩提心，因為菩提心不只是發一次，可以再三地發。

可是臨終時依靠善知識的開示，他們聽到佛經的名稱，念了幾句佛號，居然就能往生極樂世界。所以大家不要小看聽聞佛名和經名，這是一種殊勝的解脫因緣。從某個角度來講，這相當於密宗的見解脫、聞解脫、繫解脫。

有些不懂佛法的人經常問：「怎麼密宗這麼奇怪？見到什麼就解脫，聽到什麼就解脫，繫帶什麼就解脫？」其實這並不奇怪，不僅密宗有這些方便，顯宗當中也有。這裡就說得很清楚，光是聽到十二部經的名稱，以這麼簡單的因緣，就能滅除千劫惡業進而往生淨土。既然大家能接受顯宗的這種方便法，也就應該接受密宗的方便法。其實顯宗和密宗的很多道理都是相通的。拿密宗的「即身成佛」來說，我在《密宗斷惑論》中曾結合禪宗的教言解釋說，既然禪宗可以見性成佛，密宗當然可以即身成佛。

第
七
課

對於臨終者來說，兒女、財產、房子等都不重要，最重要的就是解脫。前一段時間，蘋果公司的創始人喬布斯去世了，他去世時年僅五十六歲，留下了七十億美元的資產。我在想：當喬布斯離開人間時，不要說七十億美元，連十美元都帶不走，這麼多錢有什麼用呢？不過據說他學過禪宗，也經常觀無常，但不知道到底修得怎麼樣。現在很多老闆、明星甚至領導都學佛，可是他們的學佛只是停留在表面上，缺乏內在的實地修

持，離開世間時能專注於佛法的人並不多。所以我們要記住，當離開世間的時候，真的是什麼都帶不走，所有的東西都不得不放下，只有善根和善念才幫得上自己。在那個時候，我們一定要萬緣放下，要運用淨土法門或者中陰法門的竅訣，自己的心要專注於極樂世界，口要盡量念誦佛號，如果自己實在不能念，要請別人為自己助念。

十六之二、下品中生

佛告阿難及韋提希：下品中生者，或有眾生毀犯五戒八戒及具足戒，如此愚人偷僧祇物盜現前僧物，不淨說法，無有慚愧，以諸惡業而自莊嚴。如此罪人以惡業故應墮地獄。

佛告訴阿難和韋提希：下品中生者，如果有眾生毀犯五戒、八關齋戒或者具足戒，這種愚人偷盜僧祇物或者現前僧物㊲，以不清淨意樂宣說佛法，而且無有慚愧心，以種種惡業作為莊嚴（比如在別人面前炫耀自己做的壞事）。這種罪人以惡業本來應該墮入地獄。

㊲僧祇物：僧祇譯曰眾，即比丘比丘尼眾，此大眾該攝十方一切比丘比丘尼，此大眾共有之物即僧祇物，如施主供養寺院的田園房舍等，又稱為十方僧物或者四方僧物。現前僧物：僧物之一種，即現前僧能受用者，即由施主施與現前僧眾之衣食等生活物質。

命欲終時地獄眾火一時俱至。遇善知識以大慈悲即為讚說阿彌陀佛十力威德，廣讚彼佛光明神力，亦讚戒定慧解脫解脫知見。此人聞已除八十億劫生死之罪，地獄猛火化為清涼風，吹諸天華，華上皆有化佛菩薩迎接此人。

接近命終時地獄眾火一時之間都現前㊳。這個時候他們遇到善知識，善知識以大慈大悲心為其宣說阿彌陀佛的十力威德，廣泛讚歎彼佛的光明神力，又讚歎彼佛的戒、定、慧、解脫、解脫知見㊴。此人聽法後滅除八十億劫生死之罪，地獄的猛火化為清涼風，涼風吹起天花，天花上都有化佛化菩薩迎接此人。

作為善知識，救度臨終者的方法很多，可以念誦佛號，可以讀誦顯宗的教言，也可以讀誦密宗認識心性、安住自然本智的教言。我遇到過很多即將去世的人，當我宣說佛法的教言後，他們馬上就能明白，尤其是以前學過佛的人，聽法後的表現完全不同於世間人。

有些人經常想：我一輩子造了那麼多惡業，臨終肯定會很麻煩，如果那個時候能找到一位上師就好了。這

㊳業力深重的人在臨終時或者外氣已斷內氣未斷時，以前所造的罪業就會現前，如果是要墮入地獄，那時地獄的大火就會現前焚燒其人，如果以前殺過旁生，那些旁生就會前來索命。

㊴所謂的戒、定、慧、解脫、解脫知見，這是如來法身的五種功德。由於以此五種功德法能夠成就佛身，所以又叫做五分法身。一、戒，謂如來身口意三業離一切過患之戒法身。二、定，如來之真心寂靜，離一切妄念，謂之定法身。三、慧，如來之真智圓明，觀達法性，謂之慧法身，即根本智。四、解脫，如來之身心解脫一切繫縛，謂之解脫法身，即涅槃之德。五、解脫知見，知已實解脫，謂之解脫知見法身，即後得智。

種想法是對的,臨終時有善知識引導確實很好。《毗奈耶經》中說,如果見到有人命終,比丘應當勸慰對方不要恐怖,要放下財物和親人,一心專注於解脫和佛陀的功德。以前法王在講《戒律根本頌》時曾引用過這個教證,並要求每個弟子都背下這個教證。希望大家也掌握這個竅訣,今後遇到臨終者要用它幫助對方,當然,自己臨終時更要用得上。

其實竅訣不在多,關鍵在於能否用得上。有些人雖然學了很多竅訣,可是臨終時一個都用不上,反而生起貪心、嗔心、嫉妒心,結果毀壞了很多善根,這是非常可惜的。如果所學的竅訣能用得上,由於臨終的心力非常強,那個時候就會成為解脫的良機。拿懺悔來說,活著時即使懺悔了很久,也不一定能滅除很多罪業,而臨終時,只要聽到阿彌陀佛的功德就能滅除八十億劫的罪業。所以大家一定要把握臨終的機會。

如一念頃即得往生七寶池中蓮華之內。經於六劫蓮華乃敷,觀世音大勢至以梵音聲安慰彼人,為說大乘甚深經典,聞此法已應時即發無上道心。是名下品中生者。

此人如一念頃就往生到極樂世界七寶池的蓮花中。經過六個劫蓮花才開,花開後觀世音菩薩和大勢至菩薩以梵音聲安慰此人,為其宣說大乘的甚深經典,聽到這

些法後當時就發起無上菩提心。這就叫做下品中生者。

十六之三、下品下生

佛告阿難及韋提希：下品下生者，或有眾生作不善業，五逆十惡具諸不善，如此愚人以惡業故應墮惡道，經歷多劫受苦無窮。

佛告訴阿難和韋提希：下品下生者，如果有眾生造做不善業，造下五無間罪和十不善業，具足一切不善業，這種愚人以造惡業的緣故本來應該墮入惡道，在多劫中感受無窮的痛苦。

如此愚人臨命終時遇善知識種種安慰，為說妙法教令念佛，彼人苦逼不遑念佛。善友告言：汝若不能念彼佛者，應稱無量壽佛。如是至心令聲不絕，具足十念稱南無阿彌陀佛。稱佛名故，於念念中除八十億劫生死之罪。命終之時見金蓮華，猶如日輪住其人前。

這種愚人臨命終時遇到善知識，善知識以種種方便安慰他，並為其宣說妙法，教他憶念無量壽佛，可是他因為痛苦所逼而來不及念佛。於是善友告訴他：如果你無法憶念無量壽佛，應該稱念無量壽佛。此人聽後至心念佛，口中佛聲不斷，具足十念「南無阿彌陀佛」。以稱念佛名之故，於念念中滅除八十億劫生死之罪。此人

命終之時見到金蓮花，金蓮花猶如日輪一樣住於其前。

如一念頃即得往生極樂世界。於蓮華中滿十二大劫蓮華方開，當花敷時觀世音大勢至以大悲音聲即為其人廣說實相除滅罪法，聞已歡喜應時即發菩提之心。是名下品下生者。

此人於一念頃就往生極樂世界。在蓮花中住了十二個大劫後蓮花才開，花開時觀世音菩薩和大勢至菩薩以大悲音聲為其廣說諸法實相及滅除罪業之法，此人聽法後心生大歡喜，當時就發起菩提心。這就叫做下品下生。

《無量壽經》中說，誹謗佛法和造五無間罪者不能往生極樂世界，而《觀經》中說，造五無間罪者也可以往生極樂世界，兩種說法是否相違呢？

以藏傳佛教看來，這個問題是不存在的，因為藏傳佛教的顯宗經論沒有這兩種人能往生極樂世界的說法。但是漢傳佛教對這個問題確實有不同的說法，不僅經典中有不同的說法，許多大德的說法也不同。比如曇鸞大師認為：造五無間罪的人還有往生極樂世界的機會，謗法者則根本無法往生。而善導大師和印光大師則認為，謗法和造五逆者都有機會往生極樂世界。對於這些不同的說法，我是這樣認為的：《無量壽經》中說這兩種人不能往生，這是從難以往生的角度講的。因為在所有的

惡業之中，這兩種惡業最為嚴重，為了讓人們認識到其嚴重性，世尊才這麼說的。但根據《觀經》的說法，造了這兩種惡業後，如果遇到善知識為自己開導，自己也以強烈的慚愧心發露懺悔，這樣還是有往生的機會。

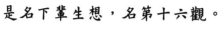

是名下輩生想，名第十六觀。

這三類往生叫做下輩生想，這就是第十六觀。

爾時世尊說是語時，韋提希與五百侍女聞佛所說應時即見極樂世界廣長之相，得見佛身及二菩薩。心生歡喜，歎未曾有，豁然大悟，得無生忍。五百侍女發阿耨多羅三藐三菩提心，願生彼國。世尊悉記，皆當往生，生彼國已獲得諸佛現前三昧。無量諸天發無上道心。

世尊宣說這些教言時，韋提希和五百侍女當下見到極樂世界廣大莊嚴之相，也見到無量壽佛和二大菩薩。韋提希生起大歡喜，歎未曾有，豁然大悟，獲得無生法忍。五百侍女發起阿耨多羅三藐三菩提心，也發願往生極樂世界。世尊授記她們都將往生極樂世界，往生彼國後獲得諸佛現前三昧。在場的無量天人也發起無上菩提心。

爾時阿難即從座起，白佛言：世尊，當何名此經，此法之要當云何受持。佛告阿難：此經名觀極樂國土無量壽佛觀世音菩薩大勢至菩薩，亦名淨除業障生諸佛前。汝等受持，無令忘失。行此三昧者現身得見無量壽佛及二大士。若善男子及善女人但聞佛名二菩薩名，除無量劫生死之罪，何況憶念。若念佛者，當知此人即是人中芬陀利華，觀世音菩薩大勢至菩薩為其勝友，當坐道場，生諸佛家。

阿難從座位上站起來對佛說：世尊，這部經叫什麼名字？應當如何受持此法？佛告訴阿難：這部經叫做「觀極樂世界無量壽佛觀世音菩薩大勢至菩薩」，也叫做「淨除業障生諸佛前」。你們要受持此經，不要忘失其文義。如果能行持這種三昧，今生就能見到無量壽佛和二大菩薩，只要聽到阿彌陀佛和二大菩薩的名號，就能滅除無量劫的生死之罪，更何況憶念了。如果有人能憶念無量壽佛，當知此人就是人中的白蓮花，觀世音菩薩和大勢至菩薩是他的好朋友，此人當來會坐於菩提道場、生於諸佛之家。

現在有些人認為，每天在寺院裡念阿彌陀佛的老年人是最沒有出息的人。其實，這些老年人是最偉大的人。相反，每天在餐廳裡大吃大喝的人表面上看來很成功，其實他們是人類當中最可憐者，下一世很可能變成旁生、餓鬼、地獄界的眾生。當然，展開來講，不僅是

念佛的人，凡是學習《觀經》者都是人中的白蓮花，凡是學習《觀經》者也會生於諸佛之家。

佛告阿難：汝好持是語，持是語者即是持無量壽佛名。佛說此語時，尊者目連尊者阿難及韋提希等聞佛所說皆大歡喜。

佛告訴阿難：你要好好受持我的教言，受持這些教言就是受持無量壽佛的名號。佛說這番話時，尊者目犍連、尊者阿難以及韋提希等人聽到佛說的教言都非常歡喜。

在善知識面前聽法是非常歡喜的事。前一段時間，我聽了一些法王傳講密法的磁帶。以前我在上師座下聽聞時並沒有特別的感覺，可是如今聽起來感覺很不一般，我才體會到：原來，在上師面前聽法的時候是我人生最快樂的時代，可惜，那些美好的時光已經一去不復返了。

爾時世尊足步虛空還耆闍崛山。爾時阿難廣為大眾說如上事。無量諸天龍夜叉聞佛所說皆大歡喜，禮佛而退。

世尊以神足通從虛空返回耆闍崛山。隨後阿難廣為大眾宣說如上之事。無量的天龍夜叉聽到佛的教言都非常歡喜，頂禮佛後都各自退還本處。

從表面上看，這部《觀經》是佛給阿難和韋提希等人宣講的，實際上這是給一切有緣眾生宣說的。正因為如此，佛要求阿難好好受持此經。阿難也依教奉行，佛返回靈鷲山後，他馬上便為大眾廣泛宣說。

其實，不論善知識在什麼場合講的法，後人都有必要去學習。1990年，法王在印度傳講了麥彭仁波切的《金剛七句祈禱文注疏》，前一段時間我得到了這部法的磁帶，當時我心裡非常高興。為什麼呢？雖然這個法是法王在印度講的，但對我們這些眾生也很重要。現在有些人有這種分別念：這個法是上師給那些人說的，跟我沒有關係。還有些人祈求：「上師，您可不可以單獨給我講一個法？」其實這些想法是錯誤的。善知識所講的任何法對眾生都是有利的，不需要讓上師單獨給自己講法。所以，我們要重視上師在任何場合宣講的任何法，不要以自己的邪分別念斷絕正法的緣分。

至此，我們已經圓滿了《觀經》的學習。在這次傳法期間沒有出現任何違緣，應該說是很圓滿的。在傳法期間，也出現了一些瑞相，我也直接或者間接感受到了阿彌陀佛和法王如意寶的加持。當然，這些事情有些人可能會相信，有些人可能不相信，所以也沒必要說出來。希望在座諸位今後要廣弘此法。

在淨土五經當中，現在我們已經學習了《阿彌陀

經》、《無量壽經》、《觀經》，接下來還有《大勢至菩薩念佛圓通章》和《普賢行願品》，如果我們能夠圓滿整個淨土五經的學習，這應該是一個很好的緣分。

要上品往生極樂世界，對很多人來說也許有一定困難。但是和下品往生者相比，我們還不至於那麼壞——我們即生中沒有造五無間罪，雖然造過其他惡業，但內心有愧疚心，也經常聞思修持淨土法門。這樣看來，臨終應該有機會往生極樂世界。所以大家應該生起歡喜心。

最後，大家共同迴向：以學習《觀經》的功德，迴向給天下的一切眾生，願他們和自己一起往生西方極樂世界！

第七課

《大勢至菩薩念佛圓通章釋》

今天講《大勢至菩薩念佛圓通章》。為什麼要講這部經呢？因為漢地有淨土五經⑩之說，前面我們已經講了《阿彌陀經》、《無量壽經》、《觀無量壽佛經》，還剩下《大勢至菩薩念佛圓通章》和《普賢行願品》沒有講，所以這兩部經也是我們教學計劃的一部分。

《大勢至菩薩念佛圓通章》是《楞嚴經》的一部分，它的文字非常少，總共只有兩百四十四個字，人們都認為《心經》是所有《般若經》的精髓，這部《大勢至菩薩念佛圓通章》就相當於淨土宗的《心經》。自從印光大師以來，淨土宗的高僧大德們都非常重視這部經典。我想，既然前輩高僧大德們如此重視此經，這裡面肯定有甚深的緣起，所以我們有必要學習此經。

但要向大家說明的是，由於藏文《大藏經》中沒有《楞嚴經》⑪，所以我沒有《楞嚴經》的傳承，這次講《大勢至菩薩念佛圓通章》，只是和大家共同學習而已。

在《楞嚴經》中，佛問諸大弟子：你們最初發心

---

⑩以前漢地只有淨土三經的說法，分別為：《阿彌陀經》、《無量壽經》、《觀無量壽經》。清朝的時候，有一位叫做魏默深的居士將《普賢行願品》加在淨土三經之後，理由是《無量壽經》開篇就說「咸共遵修普賢大士之德」，他的這種做法得到後來高僧大德們的認可，於是便形成了淨土四經。到了民國年間，印光大師又將《大勢至菩薩念佛圓通章》加在淨土四經之後，形成了現在的淨土五經。
⑪雖然《楞嚴經》曾被譯為藏文，但一直沒有被收錄進《大藏經》。

佛說觀無量壽佛經講記　附　大勢至菩薩念佛圓通章講記

悟十八界以何為圓通，以何方便得入三摩地？隨後，二十五位聖者依次向世尊匯報了各自的修道過程，這些聖者包括小乘的舍利子、目犍連、大迦葉、富樓那、須菩提尊者以及大乘的彌勒、大勢至、觀世音菩薩。這二十五位聖者所修之道就是以六塵、六根、六識（合為十八界）和七大為方便而趣入解脫的法門。雖然這些聖者都提倡各自的法門，比如有的聖者認為觀火大最殊勝，有的聖者認為觀水大最殊勝，但實際上殊途同歸，每個法門都能讓眾生獲得解脫，我們不能說某個法門合理、某個法門不合理。雖然有些淨土宗大德經常說，在所有的法門中以大勢至菩薩的念佛法門最為殊勝，但我認為這是相應特定根機眾生而言的，實際上每個法門都非常殊勝。由此我也想到一個問題：藏傳佛教有各大教派，漢傳佛教也有各大教派，每個教派的行者都認為自宗最殊勝，雖然對於根器相應、信心強烈者來說，自宗確實是最殊勝的，但千萬不要因此而排斥其他法門，否則就是不通達佛法的表現。

在當今時代，由於許多漢藏高僧大德的強調，尤其依靠法王如意寶的加持，很多人都對淨土法門有極大信心。對大多數人來說，淨土法門確實是解脫的捷徑。看看《無量壽經》、《阿彌陀經》、《觀無量壽佛經》，相信大家都會對往生極樂世界滿懷信心。特別是《觀無量壽佛經》，不管學密宗還是學顯宗的人，都應該好好

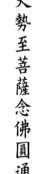

大勢至菩薩念佛圓通章釋

學習。前一段時間我講了這部經，我個人感覺收穫非常大。尤其是講了九品往生後，我深深地體會到：只要臨終時沒有遇到特殊的惡緣，往生極樂世界應該不是很困難的。這不是說大話，通過反覆看經文，我確實有了這種把握。以前我也明白，娑婆世界雖然有些暫時的安樂，可是這些安樂終究不離痛苦的自性，所以自己很想往生極樂世界，但內心深處總是覺得往生是一件高不可攀的事。就像一個窮學生雖然想到大城市讀書，可是知道自己沒有條件一樣。但通過這次的學習，我確信只要自己付出一些努力，不談上品往生和中品往生，至少下品往生是可以的。以此因緣，我也鄭重發願：只要自己的生命沒有出現無常，一定要把《觀經》譯成藏文！為什麼呢？因為很多藏地的佛教徒和我以前一樣，一方面對淨土法門信心很大，一方面又覺得往生需要較高條件，真正要往生有一定困難，《觀經》恰好可以遣除這種疑慮。這些話本來應該在講《觀經》時說，但因為時間有限，當時我沒來得及講，所以今天補充一下。

下面開始講《大勢至菩薩念佛圓通章》，這裡的文字不是特別難，漢地講解《大勢至菩薩念佛圓通章》的人也很多，所以你們課後可參考其他書，我在這裡從字面上簡單講一講。

經題：《大勢至菩薩念佛圓通章》

在《楞嚴經》中，二十五位聖者分別匯報了各自的圓通法門，其中大勢至菩薩是第二十四位聖者，他修持的是念佛法門，他是通過念佛而圓滿通達證悟的，所以這段經文便叫做「大勢至菩薩念佛圓通章」。

對於念佛，以前很多道友認為只是口念佛號，但是通過這幾年對淨土法門的學習，大家都認識到，所謂的「念」，有心念和口念，而且二者之中以心念更為重要。從下文可見，大勢至菩薩不一定是口中不停地念「南無阿彌陀佛」，他應該也是以內心憶念佛為主。

不過，有些人的說法也太過分了。他們說口念沒什麼用，只要心念就可以了。這樣講其實也不對。心念和口念是相輔相成的：如果一個人心裡能念佛，口中自然會念佛；如果心中不能念佛，口中自然不會念佛。我自己有這種體驗：當我心情比較堪能時，我對諸佛菩薩會很有信心，口中念什麼佛號或者咒語都沒問題；如果我的心處於貪嗔癡的狀態，口中就很難念出佛號或者咒語。因此，我們不能因為心念重要就輕視口念。

在我們的道友當中，有些人在這方面很不錯——手中經常拿著念珠，只要一有空就念佛，這種習慣特別好。而有些道友卻不是這樣，即使有空也不念佛，嘴巴好像一直不會動，只在某些特殊場合才念一點，但從表情上看還是很不情願，雖然身體坐在念誦的場合，可是嘴唇還是難得一動。

大勢至菩薩念佛圓通章釋

譯者：天竺沙門般剌蜜帝

般剌蜜帝法師是中印度人，他將《楞嚴經》從印度帶到中國，於唐中宗年間在廣州將此經譯為漢語，由烏萇國沙門彌伽鑠佉譯語，居士房融筆受，沙門懷迪證義。

《楞嚴經》從印度傳到中國，這中間有一段感人的故事。據說《楞嚴經》為古印度的國寶，印度國王嚴禁將其攜帶出境，所以這部經很久以來沒有傳到中國。隋朝的時候，天台宗的智者大師根據《法華經》經義發明三止三觀學說，當時有一位印度高僧對大師說，三止三觀學說與《楞嚴經》的意義頗為相似。智者大師聽後，在天台山築了一座拜經臺，日日夜夜向印度方向禮拜，希望《楞嚴經》早日傳到中國。智者大師一直拜了十八年，直到圓寂也沒有見到這部經。到了唐代，般剌蜜帝法師歷盡千辛萬苦，終於將此經帶到了中國，並將其譯成漢文。據說般剌蜜帝法師好幾次想將此經帶到中國，但都在邊境上被截獲，後來他將此經抄寫在細絹上，然後用利刃割破胳膊，將細絹藏在胳膊內，等到傷口長好後才出境。從那以後，《楞嚴經》便在中國弘揚開來。在漢傳佛教界，歷來有「開悟的楞嚴，成佛的法華」之說，可見這部《楞嚴經》多麼重要。如果你看了《楞嚴經》，就會知道其內容確實非常殊勝。這次雖然我們沒時間學習整部《楞嚴經》，但是通過學習《圓通章》，

也算和此經結上善緣。下面看經典正文。

大勢至法王子與其同倫五十二菩薩即從座起，頂禮佛足而白佛言。

大勢至法王子和他的同倫五十二菩薩從座而起，頂禮佛足並呈白佛說。

大勢至菩薩是一切諸佛之子，按照中觀的說法，像他這樣的大菩薩是諸佛的意子，所以稱為「法王子」。

「同倫」就是志同道合者，此處的「同倫五十二菩薩」就是五十二位志同道合的菩薩。按照有些大德的說法，「五十二菩薩」也可理解為修道的五十二個階位——十信、十住、十行、十迴向、十地、等覺、妙覺。如果按照後一種來理解，大勢至菩薩的同倫就不止五十二人了，可以有非常多的菩薩。

這句經文總的意思是，大勢至菩薩跟與自己志同道合的五十二位菩薩向世尊匯報自己因地的修行狀況。

我憶往昔恆河沙劫，有佛出世名無量光，十二如來相繼一劫，其最後佛名超日月光，彼佛教我念佛三昧。

我回憶往昔恆河沙劫以前，有一位名叫無量光的佛出世，那一劫中相繼有十二位如來出世，其中最後一位佛名叫超日月光，這位佛教我念佛三昧。

大勢至菩薩念佛圓通章釋

這段經文還有另一種解釋方法：我回憶往昔恆河沙劫以前，有十二位如來在一劫中相繼出世，名號分別為：無量光佛、無邊光佛、無礙光佛、無對光佛、炎王光佛、清淨光佛、歡喜光佛、智慧光佛、不斷光佛、難思光佛、無稱光佛、超日月光佛㊷，這些如來教我念佛三昧。

如果按照前一種解釋，經文中的「彼」是指最後一位如來，如果按照後一種解釋，經文中的「彼」字是指十二位如來。

所謂念佛三昧，有不同的方法：一、實相念佛，利根者安住於遠離四邊八戲的境界中，這是念法身佛；二、觀想念佛，中根者觀想如來的身相；三、持名念佛，下根者口中持誦佛號，如念誦「南無阿彌陀佛」、「南無釋迦牟尼佛」。每個人可以視自己的根機採取相應的念佛方法。

念佛三昧很重要，為什麼呢？因為如果沒有修持念佛三昧，我們就無法與佛相應，佛的加持也就無法融入自相續。作為佛的追隨者，我們心中要經常有佛，否則，雖然佛的慈悲無量無邊，雖然佛的威力無與倫比，我們也不一定能感受到。我原來講過《釋迦牟尼佛儀軌》，這個儀軌很重要，如果大家每天念誦一遍此儀軌，一定能與釋迦牟尼佛結上殊勝的善緣。

㊷這十二位佛的名號分別為阿彌陀佛的十二個名號。

下面大勢至菩薩以比喻來說明念佛的重要性。

譬如有人一專為憶一人專忘，如是二人若逢不逢或見非見。二人相憶，二憶念深，如是乃至從生至生，同於形影不相乖異。

譬如有兩個人，有一個人專門憶念第二個人，第二個人總是忘記第一個人，如果是這種情況，這兩個人將來或者相逢或者不相逢、或者相見或者不相見。如果兩個人互相憶念，兩人之間的憶念輾轉深入，在這種情況下，乃至從此生至他世，這兩個人都如同身體和影子一樣不相乖離。

比如一對男女，如果一方天天想著另一方，而另一方卻從來不想對方，以這種緣起他們不一定會相遇，即使相遇也無法發展關係。這種情況在世間經常可以看到，所謂「有緣千里來相會，無緣對面不相逢」就是如此。相反，如果有些人經常發願：願我們今生今世如何，願我們生生世世如何。以此因緣，這些人在漫長的生世會形影不離。可見雙方互相思念非常重要，如果不具足雙方的因緣，就無法湊合不相分離的緣起。

十方如來憐念眾生如母憶子。若子逃逝雖憶何為。子若憶母如母憶時，母子歷生不相違遠。

十方如來就如同母親憶念兒子一樣憐念眾生，如果兒子逃離了母親，即使母親憶念兒子又有什麼用呢？如

果兒子憶念母親就像母親憶念兒子一樣，母子多生累世都不會分離。

佛對任何眾生都是恆時思念，他對眾生平等關心，無有任何偏袒，不會有「這個眾生對我好，那個眾生對我不好」的分別。因此，如果眾生天天念佛、觀想佛，一方面佛恆時憶念眾生，一方面眾生憶念佛，眾生就會得到佛的加持。

佛對眾生的慈悲心是非常深切的。《菩薩念佛三昧經》中說：「慈心觀眾生，如母念一子。」《大般涅槃經》中說：「佛見眾生煩惱患，心苦如母念病子，常思離病諸方便。」就像這些教證所說一樣，佛對眾生就像母親對獨子一樣，當看到眾生罹患煩惱疾病時，佛就像關心病子的母親一樣苦惱，他經常思考如何讓眾生遠離疾病。可是，雖然佛如此慈悲眾生，如果眾生從來不憶念佛，那也不可能得到佛的加持。

若眾生心憶佛念佛，現前當來，必定見佛，去佛不遠，不假方便，自得心開。

如果眾生心能憶佛念佛，則現前當來必定能見到佛，這種人離佛不遠，不需要借助其他方便，自然就能心開悟解。

這一段文字很重要，《念佛圓通章》的核心就在此。大家不僅要在理論上掌握它，還要在修行中經常運

用。如果我們經常憶念佛，不要說來世能在淨土見到佛，即生中也會不同程度地見到佛，有些利根者能在清淨的境界中見到佛，根機差者也能在夢中見到佛。

作為佛教徒，憶念佛很重要。《華嚴經》中說：「一切威儀中，常念佛功德，晝夜無暫斷，如是業應作。」所以，大家應該於行住坐臥等一切威儀中恆常憶念佛的功德，最好是晝夜六時都不間斷，這就是佛教徒應該做到的。

漢傳佛教一直強調念佛，通過學習這幾部淨土經典，大家要認識到，所謂的念佛，跟內心的憶念是密切相關的。《阿彌陀經》中說「一心不亂」，《無量壽經》中說「一向專意，乃至十念」，《觀經》中說「一心繫念諦觀彼佛」，這些「念」都是從心上安立的。因此，如果我們要念佛，最好安住在與阿彌陀佛的智慧無二無別的境界中，如果不能這樣，就應該按照《觀經》所說的阿彌陀佛身相來觀想。內心這樣安住或者觀想的同時，身體也要經常禮佛，口中也要念誦佛號。對於初學者來說，身口的這些行為可以提醒內心安住於佛念。當然，對於有境界的人來說就不一定需要如此了，他們身口雖然行持世間法，可是內心依然在念佛。

清朝的時候，杭州某寺院有一個和尚，因為他喜歡吃冬瓜，所以人們都叫他冬瓜和尚。冬瓜和尚平時行為不太如法，他整天在街巷和市場上轉來轉去。有一天，

冬瓜和尚對鄰寺的慧照法師說：「來年正月初六我要離開世間，到時候你要來送我。」慧照不太相信，但還是答應了。到了正月初六，慧照來找冬瓜和尚。冬瓜和尚問：「你來幹什麼？」慧照笑著說：「你難道忘記了嗎，我是來送你的呀？」冬瓜和尚說：「要不是你提醒，我差點忘記了這件事。」於是他沐浴禮佛，之後口述一偈：「終日走街坊，心中念佛忙，世人都不識，別有一天堂。」說罷就怡然而終。從表面上看，冬瓜和尚整天在外面閒逛，別人都覺得他怪怪的，可是人的相續很不好說，實際上他是一位真正的成就者。所以，觀清淨心確實很重要。

以前法王帶我們朝拜五台山時教誡說：「文殊菩薩經常示現各種形象，甚至示現殘疾人、瘋狂者、乞丐、妓女等不如法的相，你們要小心。」法王說後我特別小心，每次看到特殊的人就提醒自己：說不定這就是文殊菩薩！當時有個精神不正常的人坐在去菩薩頂的路上說胡話，後來很多藏人都說他是文殊菩薩，紛紛對他作供養，結果他掙的錢特別多。

言歸正傳，相比外在的行為，內心憶念佛是最重要的。漢地古德說：「念佛不在嘴，參禪不在腿」。這句話說得很對。不過，現在很多人關心的只是外在形象：參禪的人往往重視能不能雙盤，其實，如果內心不能參禪，腿盤得再好也沒有用；念佛的人往往重視念了多少

佛號，其實，如果內心不能憶念佛，那就成了憨山大師所呵斥的「口念彌陀心散亂，喉嚨喊破也徒然。」㊹大家應該避免這些過失。

這段經文和密宗的「上師相應法」是相通的。密宗認為，上師與諸佛菩薩恆時垂念一切眾生，如果我們經常觀想上師，上師的加持就會融入自己，自己的心就會與上師的慈悲和智慧相應，自己最終就能開悟。淨土法門其實就是「阿彌陀佛相應法」，阿彌陀佛像慈母一樣恆時垂念眾生，如同《百業經》所說的那樣——「即便波浪離開大海，佛陀對眾生的大悲心剎那也不會離開」，因此，只要我們能憶念阿彌陀佛，就能與阿彌陀佛相應，最終就能心開悟解。

有些人口中經常念佛，手裡也經常拿著念珠，從外在行為可以看出，他們的心與佛是相應的。對這種人來說，佛並不遙遠，佛就在眼前。而有些人卻相反，雖然佛的加持無處不在，但因為自己不精進念佛，所以始終無法與佛相應。這不怪佛沒有加持，也不怪法不靈驗，只能怪自己業障深重。有些剛強難化的人離開善知識和佛教的團體後，經常說：我灌了什麼頂，修了什麼法，可是沒有任何加持。其實，他們從來不想想：自己有什麼業障？自己到底修了多少法？

㊹大師的意思並非口中念佛沒有任何功德，身口所作的任何善法都是有功德的，但如果念佛時內心散亂，這個功德就不大了。

如染香人身有香氣，此則名曰香光莊嚴。

如同染香人的身體有香氣，這就叫做香光莊嚴。

漢地大德經常將淨土法門稱為「香光莊嚴」，這是比喻念佛的人既能莊嚴自身又能利樂有情，這種說法非常恰當。

首先，如果一個人身上有香氣，這對自己會帶來快樂；心中有佛的人也是如此，他們經常處於快樂中，不會像其他世間人一樣整天處於憂愁、焦慮或者恐懼中。尤其是認識到心佛無別的修行人，遇到任何違緣都無所謂，不會膽戰心驚。這種人過得就像米拉日巴一樣自在，晚上睡覺也特別安心，不會因為房梁上有一隻老鼠在跑就起來「打仗」。

其次，如果一個人身上有香氣，不管到哪裡都能給別人帶來快樂；同樣，不管大法師還是普通修行人，只要心中有佛，到哪裡都能利益眾生，甚至說一句話都能利益眾生。我們看高僧大德的傳記，由於內心有修行的境界，他們不僅即生中弘法利生事業非常成功，甚至離開世間後，他們的精神依然像陽光一樣普照世界。相反，如果一個人內心污穢不堪，所作所為都是為了名聞利養，以前世的福報或者今生的因緣，暫時他們可能有一些財富名聲地位，但是「好花不常開，好景不常在」，這種人最終會落到非常可憐的境地。

我本因地以念佛心入無生忍，今於此界攝念佛人歸於淨土。佛問圓通，我無選擇。都攝六根，淨念相繼，得三摩地，斯為第一。

我在因地以念佛心入於無生法忍，如今在此世界攝受念佛人歸於淨土。佛問何法最為圓通，我沒有其他選擇。收攝六根不散於外境，令念佛的清淨心念相繼不斷，如是獲得三摩地，在所有法門中，這就是第一。

其實我們很有必要好好學一遍《楞嚴經》，這部經中講了許多殊勝的法門。眾生的根機不完全相同，不一定所有人都是念佛的根機，有些人對念佛信心特別大，而有些人則對其他竅訣有信心。所以，每一個法門都是不可缺少的。在《楞嚴經》中，二十五位聖者修的法各不相同：有些以六塵入無生法忍，有些以六根入無生法忍，有些以六識入無生法忍，有些以七大入無生法忍。不僅在《楞嚴經》中，在禪宗和大圓滿的歷史上，很多高僧大德開悟的因緣都不同。由此也可看出，佛教是一種非常開放的思想。因此，對於淨土宗來說，大勢至菩薩的念佛法門是第一，如果是禪宗等其他宗派的修行人，也可以認為別的聖者的法門是第一。

再次提醒諸位，此處所謂的念佛，不只是口中稱念「南無阿彌陀佛」，更重要的是內心的憶念和觀想。當然，如果從下品往生來講，尤其對不太了解佛法的老年人和沒有聞思基礎的人來說，將念佛解釋為口念非常

好。但我們應該清楚，從念佛的本意來說，除了口念佛號，還包括內心憶念，而且後者力量更大。

《大勢至菩薩念佛圓通章》篇幅這麼短，為什麼印光大師將其列入「淨土五經」呢？就是因為它非常重要，其中宣說了成就淨業的殊勝竅訣——「都攝六根，淨念相繼，得三摩地」。如果我們的六根一直散亂於色聲香味觸法，這是很難成就淨業的，因此大家應該收攝六根，以清淨心不斷地憶念佛，這樣很容易獲得三摩地，有了三摩地，獲得成就就不難了。誠如《諸法集要經》中云：「若人心寂靜，諸根不散亂，決定趣菩提。」

在這堂課上，我們學習了大勢至菩薩的竅訣，希望大家今後依照這些竅訣好好念佛。

佛說觀無量壽佛經講記　附　大勢至菩薩念佛圓通章講記

大勢至菩薩念佛圓通章釋

思考題

《觀無量壽佛經》

第一課

1・請簡單介紹《觀無量壽佛經》的譯者。

2・為什麼佛經開頭要加「如是我聞」？

3・簡述世尊宣說《觀無量壽佛經》的緣起。

第二課

1・複述本課所講的一則往生淨土公案。

2・複述淨業三福。

3・在求生淨土的人當中，為什麼有些人要受比丘戒甚至菩薩戒，而有些人只要受居士戒就可以了？

第三課

1・複述日觀。

2・為什麼世尊剛開始沒有要求觀想極樂世界或者阿彌陀佛，而是要求觀想落日？

3・複述水觀。

4・複述地觀。

5・複述樹觀。

第四課

1・複述池觀。

2・複述總觀。

3・複述座觀。

4・複述像觀。

第五課

1・複述佛觀。

2・複述觀音觀。

3・複述勢至觀。

思考題

第六課

1・複述普想觀。

2・複述雜想觀。

3・簡述上品上生。

4・解釋三心。

5・簡述上品中生。

6・簡述上品下生。

第七課

1・簡述中品上生。

2・簡述中品中生。

3・簡述中品下生。

4 · 簡述下品上生。

5 · 簡述下品中生。

6 · 簡述下品下生。

《大勢至菩薩念佛圓通章》

1 · 簡述大勢至菩薩宣說的憶念佛陀之比喻。

2 · 大勢至菩薩的修行竅訣是什麼？你對此有何理解？

3 · 有些淨土宗的法師認為，在《楞嚴經》所說的法門中，唯有大勢至菩薩的法門最為第一。你是如何看待這種觀點的。

佛說觀無量壽佛經講記 附 大勢至菩薩念佛圓通章講記

思考题

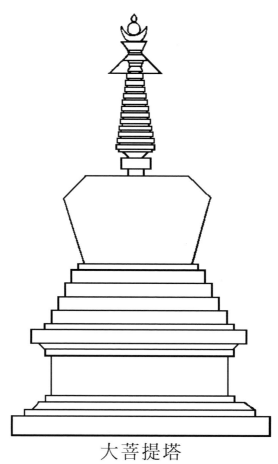

大菩提塔